LA NUIT

ELIE WIESEL

LA NUIT

Préface de FRANÇOIS MAURIAC

LES ÉDITIONS DE MINUIT

*A la mémoire de mes parents
et de ma petite sœur, Tzipora.*

£5.50

© 1958 by LES ÉDITIONS DE MINUIT
7, rue Bernard-Palissy, 75006 Paris

ISBN 2-7073-0407-7

PREFACE

Des journalistes étrangers me rendent souvent visite. Je les redoute, partagé entre le désir de livrer toute ma pensée et la crainte de donner des armes à un interlocuteur dont les sentiments à l'égard de la France ne me sont pas connus. Dans ces rencontres, je n'oublie jamais de me méfier.

Ce matin-là, le jeune Israélien qui m'interrogeait pour le compte d'un journal de Tel Aviv, m'inspira dès l'abord une sympathie dont je ne dus guère me défendre longtemps, car nos propos prirent très vite un tour personnel. J'en vins à évoquer des souvenirs du temps de l'occupation. Ce ne sont pas toujours les circonstances auxquelles nous avons été directement mêlés qui nous affectent le plus. Je confiai à mon jeune visiteur qu'aucune vision de ces sombres années ne m'a marqué autant que ces wagons remplis d'enfants juifs, à la gare d'Austerlitz... Je ne les ai pourtant

5

pas vu de mes yeux, mais ma femme me les décrivit, toute pleine encore de l'horreur qu'elle en avait ressentie. Nous ignorions tout alors des méthodes d'extermination nazies. Et qui aurait pu les imaginer ! Mais ces agneaux arrachés à leur mère, cela dépassait déjà ce que nous eussions cru possible. Ce jour-là, je crois avoir touché pour la première fois le mystère d'iniquité dont la révélation aura marqué la fin d'une ère et le commencement d'une autre. Le rêve que l'homme d'occident a conçu au XVIIIe siècle, dont il crut voir l'aurore en 1789, qui, jusqu'au 2 août 1914, s'est fortifié du progrès des lumières, des découvertes de la science, ce rêve a achevé de se dissiper pour moi devant ces wagons bourrés de petits garçons, – et j'étais pourtant à mille lieux de penser qu'ils allaient ravitailler la chambre à gaz et le crématoire.

Voilà ce que je dus confier à ce journaliste, et comme je soupirai : « Que de fois j'ai pensé à ces enfants ! » Il me dit : « Je suis l'un d'eux. » Il était l'un d'eux ! Il avait vu disparaître sa mère, une petite sœur adorée et tous les siens, sauf son père, dans le four alimenté par des créatures vivantes. Pour son père, il devait assister à son martyre, jour après jour, à son agonie et à sa mort. Quelle mort ! Ce livre en relate les circonstances et je le laisse à découvrir à des lecteurs qui devraient être aussi nombreux que ceux du journal d'Anne Franck, – et par quel miracle l'enfant lui-même en réchappa.

Mais ce que j'affirme, c'est que ce témoignage qui vient après tant d'autres et qui décrit une abomination dont nous pourrions croire que plus rien ne nous demeure inconnu, est cependant différent, singulier, unique. Ce qu'il advient des Juifs de la petite ville de Transylvanie appelée Sighet, leur aveuglement devant un destin qu'ils auraient eu le temps de fuir, et auquel avec une inconcevable passivité ils se livrent eux-mêmes, sourds aux avertissements, aux supplications d'un témoin échappé du massacre et qui leur rapporte ce qu'il a vu lui-même de ses yeux ; mais ils refusent de le croire et le prennent pour un dément, – ces données eussent certes suffi à inspirer une œuvre à laquelle aucune, il me semble, ne saurait être comparée.

C'est pourtant par un autre aspect que ce livre extraordinaire m'a retenu. L'enfant qui nous raconte ici son histoire était un élu de Dieu. Il ne vivait, depuis l'éveil de sa conscience, que pour Dieu, nourri du Talmud, ambitieux d'être initié à la Kabbale, voué à l'Eternel. Avions-nous jamais pensé à cette conséquence d'une horreur moins visible, moins frappante que d'autres abominations, – la pire de toutes, pourtant, pour nous qui possédons la foi : la mort de Dieu dans cette âme d'enfant qui découvre d'un seul coup le mal absolu ?

Essayons de concevoir ce qui se passe en lui, tandis que ses yeux regardent se défaire dans le ciel les anneaux de fumée noire jaillis du four où sa petite sœur et sa mère vont être précipitées après des milliers d'autres : « *Jamais je n'oublierai cette nuit, la première nuit de camp qui a fait de ma vie une nuit longue et sept fois verrouillée. Jamais je n'oublierai cette fumée. Jamais je n'oublierai les petits visages des enfants dont j'avais vu les corps se transformer en volutes sous un azur muet. Jamais je n'oublierai ces flammes qui consumèrent pour toujours ma foi. Jamais je n'oublierai ce silence nocturne qui m'a privé pour l'éternité du désir de vivre. Jamais je n'oublierai ces instants qui assassinèrent mon Dieu et mon âme, et mes rêves qui prirent le visage du désert. Jamais je n'oublierai cela, même si j'étais condamné à vivre aussi longtemps que Dieu lui-même. Jamais.* »

Je compris alors ce que j'avais aimé dès l'abord dans le jeune israélien : ce regard d'un Lazare ressuscité, et pourtant toujours prisonnier des sombres bords où il erra, trébuchant sur des cadavres déshonorés. Pour lui, le cri de Nietzche exprimait une réalité presque physique : Dieu est mort, le Dieu d'amour, de douceur et de consolation, le Dieu d'Abraham, d'Isaac et de Jacob s'est à jamais dissipé, sous le regard de cet enfant, dans la fumée de l'holocauste humain exigé par la Race, la plus goulue de toutes les idoles. Et cette mort, chez combien de Juifs pieux ne s'est-elle pas accomplie ? Le jour horrible, entre ces jours horribles, où l'enfant assista à la pendaison (oui !) d'un autre enfant qui avait, nous dit-il, le visage d'un ange malheureux, il entendit quelqu'un derrière lui gémir : « Où est Dieu ? Où est-il ? Où donc est Dieu ? et en moi une voix lui répondait : Où il est ? Le voici – il est pendu ici, à cette potence. »

Le dernier jour de l'année juive l'enfant assiste à la cérémonie solennelle de Roch Hachanah. Il entend ces milliers d'esclaves crier d'une seule voix : « Béni soit le nom de l'Eternel ! ». Naguère encore, il se fût prosterné, lui aussi, avec quelle adoration, quelle crainte, quel amour ! Et aujourd'hui, il se redresse, il fait front. La créature humiliée et offensée au-delà de ce qui est concevable pour l'esprit et pour le cœur, défie la divinité aveugle et sourde : « Aujourd'hui, je n'implorais plus. Je n'étais plus capable de gémir. Je me sentais au contraire très fort. J'étais l'accusateur. Et l'accusé : Dieu. Mes yeux s'étaient ouverts et j'étais seul, terriblement seul dans le monde, sans Dieu, sans homme. Sans amour ni pitié. Je n'étais plus rien que cendres, mais je me sentais plus fort que ce Tout-Puissant auquel on avait lié ma vie si longtemps. Au milieu de cette

assemblée de prières, j'étais comme un observa-
teur étranger. »

  Et moi, qui crois que Dieu est amour, que pou-
vais-je répondre à mon jeune interlocuteur dont
l'œil bleu gardait le reflet de cette tristesse d'ange
apparue un jour sur le visage de l'enfant pendu ?
Que lui ai-je dit ? Lui ai-je parlé de cet Israélien,
ce frère qui lui ressemblait peut-être, ce crucifié
dont la croix a vaincu le monde ? lui ai-je affirmé
que ce qui fut pour lui pierre d'achoppement est
devenu pierre d'angle pour moi et que la confor-
mité entre la croix et la souffrance des hommes
demeure à mes yeux la clef de ce mystère inson-
dable où sa foi d'enfant s'est perdue ? Sion a
resurgi pourtant des crématoires et des charniers.
La nation juive est ressuscitée d'entre ces millions
de morts. C'est par eux qu'elle est de nouveau
vivante. Nous ne connaissons pas le prix d'une
seule goutte de sang, d'une seule larme. Tout est
grâce. Si l'Eternel est l'Eternel, le dernier mot
pour chacun de nous lui appartient. Voilà ce que
j'aurais dû dire à l'enfant juif. Mais je n'ai pu que
l'embrasser en pleurant.

FRANÇOIS MAURIAC.

CHAPITRE I

On l'appelait Moché-le-Bedeau, comme si de sa vie il n'avait eu un nom de famille. Il était le « bon-à-tout-faire » d'une synagogue hassidique. Les Juifs de Sighet – cette petite ville de Transylvanie où j'ai passé mon enfance – l'aimaient bien. Il était très pauvre et vivait misérablement. En général les habitants de ma ville, s'ils aidaient les pauvres, ils ne les aimaient guère. Moché-le-Bedeau faisait exception. Il ne gênait personne. Sa présence n'encombrait personne. Il était passé maître dans l'art de se faire insignifiant, de se rendre invisible.

Physiquement, il avait la gaucherie du clown. Il éveillait le sourire, avec sa timidité d'orphelin. J'aimais ses grands yeux rêveurs, perdus dans le lointain. Il parlait peu. Il chantait ; chantonnait plutôt. Les bribes qu'on pouvait saisir parlaient de la souffrance de la divinité, de l'Exil de la

11

Providence qui, selon la Kabbale, attendrait sa délivrance dans celle de l'homme.

Je fis sa connaissance vers la fin de 1941. J'avais douze ans. J'étais profondément croyant. Le jour, j'étudiais le Talmud, et, la nuit, je courais à la synagogue pour pleurer sur la destruction du Temple.

Je demandai un jour à mon père de me trouver un maître qui pût me guider dans l'étude de la Kabbale.

– Tu es trop jeune pour cela. C'est seulement à trente ans, a dit Maïmonide, qu'on a le droit de s'aventurer dans le monde plein de périls du mysticisme. Tu dois d'abord étudier les matières de base que tu es à même de comprendre.

Mon père était un homme cultivé, peu sentimental. Aucune effusion, même en famille. Plus occupé des autres que des siens. La communauté juive de Sighet avait pour lui la plus grande considération ; on le consultait souvent pour les affaires publiques et même pour des questions privées. Nous étions quatre enfants. Hilda, l'aînée ; ensuite, Béa ; j'étais le troisième, et fils unique ; la benjamine, Judith.

Mes parents tenaient un commerce. Hilda et Béa les aidaient dans leur tâche. Moi, ma place était dans la maison d'études disaient-ils.

– Il n'y a pas de Kabbalistes à Sighet, répétait mon père.

Il voulait chasser cette idée de mon esprit. Mais en vain. Je me trouvai moi-même un Maître en la personne de Moché-le-Bedeau.

Il m'avait observé un jour alors que je priais, au crépuscule.

– Pourquoi pleures-tu en priant ? me demanda-t-il, comme s'il me connaissait depuis longtemps.

– Je n'en sais rien, répondis-je, fort troublé.

La question ne s'était jamais présentée à mon esprit. Je pleurais parce que... parce que quelque chose en moi éprouvait le besoin de pleurer. Je ne savais rien de plus.

– Pourquoi pries-tu ? me demanda-t-il après un moment.

Pourquoi je priais ? Etrange question. Pourquoi vivais-je ? Pourquoi respirais-je ?

– Je n'en sais rien, lui dis-je, plus troublé encore et mal à l'aise. Je n'en sais rien.

A partir de ce jour, je le vis souvent. Il m'expliquait avec beaucoup d'insistance que chaque question possédait une force que la réponse ne contenait plus...

– L'homme s'élève vers Dieu par les questions qu'il lui pose, aimait-il à répéter. Voilà le vrai dialogue. L'homme interroge et Dieu répond. Mais, ses réponses, on ne les comprend pas. On ne peut les comprendre. Parce qu'elles viennent du fond de l'âme et y demeurent jusqu'à la mort.

13

Les vraies réponses, Eliezer, tu ne les trouveras qu'en toi.

– Et pourquoi pries-tu, Moché ? lui demandai-je.

– Je prie le Dieu qui est en moi de me donner la force de pouvoir lui poser de vraies questions.

Nous conversions ainsi presque tous les soirs. Nous restions dans la synagogue après que tous les fidèles l'avaient quittée, assis dans l'obscurité où vacillait encore la clarté de quelques bougies à demi consumées.

Un soir, je lui dis combien j'étais malheureux de ne point trouver à Sighet un maître qui m'enseignât le Zohar, les livres kabbalistiques, les secrets de la mystique juive. Il eut un sourire indulgent. Après un long silence, il me dit :

– Il y a mille et une portes pour pénétrer dans le verger de la vérité mystique. Chaque être humain a sa porte. Il ne doit pas se tromper et vouloir pénétrer dans le verger par une porte autre que la sienne. C'est dangereux pour celui qui entre et aussi pour ceux qui s'y trouvent déjà.

Et Moché-le-Bedeau, le pauvre va-nu-pieds de Sighet, me parlait de longues heures durant des clartés et des mystères de la Kabbale. C'est avec lui que je commençai mon initiation. Nous relisions ensemble, des dizaines de fois, une même page du Zohar. Pas pour l'apprendre par cœur, mais pour y saisir l'essence même de la divinité.

Et tout au long de ces soirées, j'acquis la conviction que Moché-le-Bedeau m'entraînerait avec lui dans l'éternité, dans ce temps où question et réponse devenaient UN.

Puis un jour, on expulsa de Sighet les Juifs étrangers. Et Moché-le-Bedeau était étranger.

Entassés par les gendarmes hongrois dans des wagons à bestiaux, ils pleuraient sourdement. Sur le quai de départ, nous pleurions aussi. Le train disparut à l'horizon ; il ne restait derrière lui qu'une fumée épaisse et sale.

J'entendis un Juif dire derrière moi, en soupirant :

– Que voulez-vous ? C'est la guerre...

Les déportés furent vite oubliés. Quelques jours après leur départ, on disait qu'ils se trouvaient en Galicie, où ils travaillaient, qu'ils étaient même satisfaits de leur sort.

Des jours passèrent. Des semaines, des mois. La vie était redevenue normale. Un vent calme et rassurant soufflait dans toutes les demeures. Les commerçants faisaient de bonnes affaires, les étudiants vivaient au milieu de leurs livres et les enfants jouaient dans la rue.

Un jour, comme j'allais entrer dans la synagogue, j'aperçus, assis sur un banc, près de la porte, Moché-le-Bedeau.

Il raconta son histoire et celle de ses compagnons. Le train des déportés avait passé la frontière hongroise et, en territoire polonais, avait été pris en charge par la Gestapo. Là, il s'était arrêté. Les Juifs durent descendre et monter dans des camions. Les camions se dirigèrent vers une forêt. On les fit descendre. On leur fit creuser de vastes fosses. Lorsqu'ils eurent fini leur travail, les hommes de la Gestapo commencèrent le leur. Sans passion, sans hâte, ils abattirent leurs prisonniers. Chacun devait s'approcher du trou et présenter sa nuque. Des bébés étaient jetés en l'air et les mitraillettes les prenaient pour cibles. C'était dans la forêt de Galicie, près de Kolomaye. Comment lui-même, Moché-le-Bedeau, avait réussi à se sauver ? Par miracle. Blessé à la jambe, on le crut mort...

Tout au long des jours et des nuits, il allait d'une maison juive à l'autre, et racontait l'histoire de Malka, la jeune fille qui agonisa durant trois jours, et celle de Tobie, le tailleur, qui implorait qu'on le tue avant ses fils...

Il avait changé, Moché. Ses yeux ne reflétaient plus la joie. Il ne chantait plus. Il ne me parlait plus de Dieu ou de la Kabbale, mais seulement de ce qu'il avait vu. Les gens refusaient non seulement de croire à ses histoires mais encore de les écouter.

— Il essaie de nous apitoyer sur son sort. Quelle imagination...

Ou bien :

— Le pauvre, il est devenu fou.

Et lui, il pleurait :

— Juifs, écoutez-moi. C'est tout ce que je vous demande. Pas d'argent, pas de pitié. Mais que vous m'écoutiez, criait-il dans la synagogue, entre la prière du crépuscule et celle du soir.

Moi-même, je ne le croyais pas. Je m'asseyais souvent en sa compagnie, le soir après l'office, et écoutais ses histoires, tout en essayant de comprendre sa tristesse. J'avais seulement pitié de lui.

— On me prend pour un fou, murmurait-il, et des larmes, comme des gouttes de cire, coulaient de ses yeux.

Une fois, je lui posai la question :

— Pourquoi veux-tu tellement qu'on croie ce que tu dis ? A ta place, cela me laisserait indifférent, qu'on me croie ou non...

Il ferma les yeux, comme pour fuir le temps :

— Tu ne comprends pas, dit-il avec désespoir. Tu ne peux pas comprendre. J'ai été sauvé, par miracle. J'ai réussi à revenir jusqu'ici. D'où ai-je pris cette force ? J'ai voulu revenir à Sighet pour vous raconter ma mort. Pour que vous puissiez vous préparer pendant qu'il est encore temps. Vivre ? Je ne tiens plus à la vie. Je suis seul. Mais j'ai voulu revenir, et vous avertir. Et voilà : personne ne m'écoute...

C'était vers la fin de 1942.

La vie, ensuite, est redevenue normale. La radio de Londres, que nous écoutions tous les soirs, annonçait des nouvelles réjouissantes : bombardement quotidien de l'Allemagne, Stalingrad, préparation du deuxième front, et nous, Juifs de Sighet, nous attendions les jours meilleurs qui n'allaient plus tarder maintenant.

Je continuais à me consacrer à mes études. Le jour, au Talmud, et la nuit, à la Kabbale. Mon père s'occupait de son commerce et de la communauté. Mon grand-père était venu passer la fête du Nouvel An avec nous afin de pouvoir assister aux offices du célèbre Rabbin de Borsche. Ma mère commençait à songer qu'il serait grand temps de trouver un garçon convenable pour Hilda.

Ainsi s'écoula l'année 1943.

Printemps 1944. Nouvelles resplendissantes du front russes. Il ne subsistait plus aucun doute quant à la défaite de l'Allemagne. C'était uniquement une question de temps ; de mois ou de semaines, peut-être.

Les arbres étaient en fleurs. C'était une année comme tant d'autres, avec son printemps, avec ses fiançailles, ses mariages et ses naissances.

Les gens disaient :

– L'Armée Rouge avance à pas de géant... Hitler ne sera pas capable de nous faire de mal, même s'il le veut...

Oui, nous doutions même de sa volonté de nous exterminer.

Il irait anéantir tout un peuple ? Exterminer une population dispersée à travers tant de pays ? Tant de millions de gens ! Avec quels moyens ? Et en plein vingtième siècle !

Aussi les gens s'intéressaient-ils à tout – à la stratégie, à la diplomatie, à la politique, au Sionisme – mais non à leur propre sort.

Même Moché-le-Bedeau s'était tu. Il était las de parler. Il errait dans la synagogue ou dans les rues, les yeux baissés, le dos voûté, évitant de regarder les gens.

A cette époque, il était encore possible d'acheter des certificats d'émigration pour la Palestine. J'avais demandé à mon père de tout vendre, de tout liquider et de partir.

– Je suis trop vieux, mon fils, me répondit-il. Trop vieux pour commencer une vie nouvelle. Trop vieux pour repartir à zéro dans un pays lointain...

La radio de Budapest annonça la prise du pouvoir par le parti fasciste. Horty Miklos fut forcé de demander à un chef du parti Nyilas de former le nouveau gouvernement.

Ce n'était pas encore assez pour nous inquiéter. Nous avions certes entendu parler des Fascistes, mais cela restait une abstraction. Ce n'était qu'un changement de ministère.

Le lendemain, une autre nouvelle inquiétante : les troupes allemandes avaient pénétré, avec l'accord du gouvernement, en territoire hongrois.

L'inquiétude, ça et là, commençait à s'éveiller. Un de nos amis, Berkovitz, rentrant de la capitale, nous raconta :

— Les Juifs de Budapest vivent dans une atmosphère de crainte et de terreur. Des incidents antisémites ont lieu tous les jours, dans les rues, dans les trains. Les Fascistes s'attaquent aux boutiques des Juifs, aux synagogues. La situation commence à devenir très sérieuse...

Ces nouvelles se répandirent à Sighet comme une traînée de poudre. Bientôt, on en parlait partout. Mais pas longtemps. L'optimisme renaissait aussitôt :

— Les Allemands ne viendront pas jusqu'ici. Ils resteront à Budapest. Pour des raisons stratégiques, politiques...

Trois jours ne s'étaient pas écoulés que les voitures de l'Armée allemande faisaient leur apparition dans nos rues.

Angoisse. Les soldats allemands – avec leurs casques d'acier et leur emblème, un crâne de mort.

Pourtant la première impression que nous eûmes des Allemands fut des plus rassurantes. Les officiers furent installés chez des particuliers, et même chez des Juifs. Leur attitude envers leurs logeurs était distante mais polie. Ils ne demandaient jamais l'impossible, ne faisaient pas de remarques désobligeantes et, parfois même, souriaient à la maîtresse de maison. Un officier allemand habitait l'immeuble en face de chez nous. Il avait une chambre chez les Kahn. On disait que c'était un homme charmant : calme, sympathique et poli. Trois jours après son emménagement, il avait apporté à madame Kahn une boîte de chocolats. Les optimistes jubilaient :

– Eh bien ? Qu'avions-nous dit ? Vous ne vouliez pas le croire. Les voilà, *vos* Allemands. Qu'en pensez-vous ? Où est leur fameuse cruauté ?

Les Allemands étaient déjà dans la ville, les Fascistes étaient déjà au pouvoir, le verdict était déjà prononcé et les Juifs de Sighet souriaient encore.

Les huit jours de Pâques.

Il faisait un temps merveilleux. Ma mère s'affairait dans la cuisine. Il n'y avait plus de synagogues ouvertes. On se rassemblait chez des particuliers : il ne fallait pas provoquer les Allemands. Pratiquement, chaque appartement de rabbin devenait un lieu de prières.

On buvait, on mangeait, on chantait. La Bible nous ordonnait de nous réjouir pendant les huit jours de fête, d'être heureux. Mais le cœur n'y était plus. Le cœur battait plus fort depuis quelques jours. On souhaitait que la fête finisse pour n'être plus obligés de jouer cette comédie.

Le septième jour de Pâques, le rideau se leva : les Allemands arrêtèrent les chefs de la communauté juive.

A partir de ce moment, tout se déroula avec beaucoup de rapidité. La course vers la mort avait commencé.

Première mesure : les Juifs n'auraient pas le droit de quitter leur domicile durant trois jours, sous peine de mort.

Moché-le-Bedeau arriva en courant chez nous et cria à mon père :

– Je vous avais averti... Et, sans attendre de réponse, il s'enfuit.

Le même jour, la police hongroise fit irruption dans toutes les maisons juives de la ville :

un Juif n'avait plus le droit de posséder chez lui d'or, de bijoux, d'objets de valeur ; tout devrait être remis aux autorités, sous peine de mort. Mon père descendit dans la cave et enterra nos économies.

A la maison, ma mère continuait de vaquer à ses occupations. Elle s'arrêtait quelquefois pour nous regarder, silencieuse.

Lorsque les trois jours furent passés, nouveau décret : chaque Juif devrait porter l'étoile jaune.

Des notables de la communauté vinrent voir mon père – qui avait des relations dans les hautes sphères de la police hongroise – pour lui demander ce qu'il pensait de la situation. Mon père ne la voyait pas trop noire – ou bien il ne voulait pas décourager les autres, mettre du sel sur leurs blessures :

– L'étoile jaune ? Eh bien, quoi ? On n'en meurt pas...

(Pauvre père ! De quoi es-tu donc mort ?) Mais déjà on proclamait de nouveaux édits. Nous n'avions plus le droit d'entrer dans les restaurants, dans les cafés, de voyager en chemin de fer, de nous rendre à la synagogue, de sortir dans les rues après 18 heures.

Puis ce fut le ghetto.

Deux ghettos furent créés à Sighet. Un grand, au milieu de la ville, occupait quatre rues et un autre, plus petit, s'étendait sur plusieurs ruelles, dans le faubourg. La rue que nous habitions, la rue des Serpents, se trouvait dans l'enceinte du premier. Nous demeurâmes donc dans notre maison. Mais, comme elle faisait le coin, les fenêtres donnant sur la rue extérieure durent être condamnées. Nous cédâmes quelques-unes de nos chambres à des parents qui avaient été chassés de leurs appartements.

La vie, peu à peu, était redevenue normale. Les barbelés qui, comme une muraille, nous encerclaient, ne nous inspiraient pas de réelles craintes. Nous nous sentions même assez bien : nous étions tout à fait entre nous. Une petite république juive... On créa un Conseil juif, une police juive, un bureau d'aide sociale, un comité du travail, un département d'hygiène – tout un appareil gouvernemental.

Chacun en était émerveillé. Nous n'allions plus avoir devant nos yeux ces visages hostiles, ces regards chargés de haine. C'en était fini de la crainte, des angoisses. Nous vivions entre Juifs, entre frères...

Certes, il y avait encore des moments désagréables. Chaque jour, les Allemands venaient chercher des hommes pour charger du charbon sur les trains militaires. Il y avait très peu de

24

volontaires pour ce genre de travaux. Mais à part cela, l'atmosphère était paisible et rassurante.

L'opinion générale était que nous allions rester dans le ghetto jusqu'à la fin de la guerre, jusqu'à l'arrivée de l'Armée Rouge. Puis, tout redeviendrait comme avant. Ce n'était ni l'Allemand, ni le Juif qui régnaient dans le ghetto : c'était l'illusion.

Le samedi précédant la Pentecôte, sous un soleil printanier, les gens se promenaient insouciants à travers les rues grouillantes de monde. On bavardait gaîment. Les enfants jouaient à un jeu de noisettes sur les trottoirs. En compagnie de quelques camarades, dans le jardin d'Ezra Malik, j'étudiais un traité du Talmud.

La nuit arriva. Une vingtaine de personnes étaient réunies dans la cour de notre maison. Mon père leur contait des anecdotes et exposait son opinion sur la situation. C'était un bon conteur.

Soudain, la porte de la cour s'entr'ouvrit et Stern – un ancien commerçant devenu policier – entra et prit mon père à part. Malgré l'obscurité qui commençait à nous envahir, je vis celui-ci pâlir.

– Qu'y a-t-il ? lui demanda-t-on.

– Je n'en sais rien. On me convoque à une séance extraordinaire du Conseil. Il a dû se passer quelque chose.

La bonne histoire qu'il était en train de nous conter resterait inachevée.

– J'y vais tout de suite, reprit mon père. Je reviendrai aussitôt que possible. Je vous raconterai tout. Attendez-moi.

On était prêt à l'attendre des heures. La cour devint comme l'antichambre d'une salle d'opération. On attendait seulement de voir se rouvrir la porte, de voir s'ouvrir le firmament. D'autres voisins prévenus par la rumeur, s'étaient joints à nous. On regardait sa montre. Le temps passait très lentement. Que pouvait signifier une séance si longue ?

– J'ai comme un mauvais pressentiment, dit ma mère. Cet après-midi, j'ai aperçu des visages nouveaux dans le ghetto. Deux officiers allemands, de la Gestapo, je crois. Depuis que nous sommes ici, pas un seul officier ne s'était encore montré...

Il était presque minuit. Personne n'avait envie d'aller se coucher. Certains faisaient un saut jusque chez eux pour voir si tout était en ordre. D'autres regagnaient leurs maisons, mais demandaient qu'on les avertît dès que mon père arriverait.

La porte s'ouvrit enfin et il apparut, pâle. Il fut aussitôt entouré :

– Racontez ! Dites-nous ce qui se passe ! Dites quelque chose...

On était si avide en cet instant d'entendre un mot de confiance, une phrase disant qu'il n'y avait pas de sujet de crainte, que la réunion avait été on ne peut plus banale, courante, qu'il y avait été question de problèmes sociaux, sanitaires... Mais il suffisait de regarder le visage défait de mon père pour se rendre à l'évidence :

– Une nouvelle terrible, annonça-t-il enfin. La déportation.

Le ghetto devait être entièrement liquidé. Le départ se ferait une rue après l'autre, à partir du lendemain.

On voulait tout savoir, connaître tous les détails. La nouvelle nous avait abasourdis, mais on tenait à boire ce vin amer jusqu'à la lie.

– Où nous conduit-on ?

C'était un secret. Un secret pour tous, sauf pour un seul : le président du Conseil Juif. Mais il ne voulait pas le dire, il ne *pouvait* pas le dire. La Gestapo l'avait menacé de le fusiller s'il parlait.

Mon père fit remarquer d'une voix brisée :

– Des bruits circulent selon lesquels on nous déporte quelque part en Hongrie pour travailler dans des usines de briques. La raison en est, paraît-il, que le front est trop proche d'ici...

Et, après un moment de silence, il ajouta :

– Chacun n'a le droit d'emporter que ses

effets personnels. Un sac à dos, de la nourriture, quelques vêtements. Rien d'autre.

Et, une fois de plus, un lourd silence.

– Allez réveiller les voisins, dit mon père. Qu'ils se préparent...

Des ombres près de moi s'éveillèrent comme d'un long sommeil. Elles s'en furent, silencieusement, dans toutes les directions.

Nous restâmes seuls un moment. Soudain, Batia Reich, une parente qui vivait chez nous, entra dans la pièce :

– Quelqu'un frappe à la fenêtre condamnée, celle qui donne sur l'extérieur !

C'est seulement après la guerre que j'appris qui avait frappé. C'était un inspecteur de la police hongroise, un ami de mon père. Il nous avait dit avant notre entrée au ghetto : « soyez tranquilles. Si quelque danger vous menace, je vous en avertirai. » S'il avait pu, ce soir-là, nous parler, nous aurions pu encore fuir... Mais lorsque nous réussîmes à ouvrir la fenêtre, il était trop tard. Il n'y avait plus personne dehors.

Le ghetto s'est réveillé. L'une après l'autre, des lumières s'allumèrent derrière les fenêtres.

J'entrai dans la maison d'un ami de mon père. Je réveillai le maître, un vieillard à la barbe grise, aux yeux rêveurs, courbé par les longues veilles d'étude.

– Levez-vous, monsieur. Levez-vous ! Préparez-vous à la route. Vous serez expulsé demain, vous et les vôtres, vous et tous les Juifs. Où ? Ne me le demandez pas, monsieur, ne me posez pas de questions. Dieu seul pourrait vous répondre. Pour l'amour du ciel, levez-vous...

Il n'avait rien compris de ce que je lui disais. Il pensait sans doute que j'avais perdu la raison.

– Que racontes-tu ? Se préparer au départ ? Quel départ ? Pourquoi ? Que se passe-t-il ? Estu devenu fou ?

A moitié endormi encore, il me dévisagea, son regard chargé de terreur, comme s'il avait attendu de moi que j'éclate de rire pour lui avouer finalement :

– Remettez-vous au lit ; dormez. Rêvez. Il n'est rien arrivé du tout. Ce n'était qu'une farce...

Ma gorge était desséchée et les mots s'y étanglaient, paralysant mes lèvres. Je ne pouvais plus rien lui dire.

Alors il comprit. Il descendit de son lit et, avec des gestes automatiques, il se mit à se vêtir. Puis il s'approcha du lit où dormait sa femme, lui toucha le front avec une infinie tendresse ; elle ouvrit les paupières et il me semble qu'un sourire effleura ses lèvres. Il alla ensuite vers les lits de ses deux enfants et les réveilla brusquement, les arrachant à leurs rêves. Je m'enfuis.

Le temps passait à toute vitesse. Il était déjà quatre heures du matin. Mon père courait à droite et à gauche, exténué, consolant des amis, courant au Conseil Juif pour voir si entre temps l'édit n'avait pas été rapporté ; jusqu'au dernier instant, un germe de confiance subsistait dans les cœurs.

Les femmes faisaient cuire des œufs, rôtir de la viande, préparaient des gâteaux, confectionnaient des sacs à dos, les enfants erraient un peu partout, la tête basse, ne sachant où se mettre, où trouver une place sans déranger les grandes personnes. Notre cour était devenue une véritable foire. Objets de valeur, tapis précieux, candélabres d'argent, livres de prières, bibles et autres objets du culte, jonchaient le sol poussiéreux, sous un ciel merveilleusement bleu, pauvres choses qui paraissaient n'avoir jamais appartenu à personne.

A huit heures du matin, la lassitude, telle du plomb fondu, s'était coagulée dans les veines, dans les membres, dans le cerveau. J'étais en train de prier quand soudain il y eut des cris dans la rue. Je me défis rapidement de mes phylactères et courus à la fenêtre. Des gendarmes hongrois avaient pénétré dans le ghetto et hurlaient dans la rue voisine :

– Tous les Juifs dehors ! que ça ne traîne pas !

Des policiers juifs entraient dans les maisons et disaient, la voix brisée :

– Le moment est venu... Il faut laisser tout cela...

Les gendarmes hongrois frappaient de la crosse de leurs fusils, avec des matraques, n'importe qui, sans raison, à droite et à gauche, vieillards et femmes, enfants et infirmes.

Les maisons se vidaient les unes après les autres et la rue se remplissait de gens et de paquets. A dix heures, tous les condamnés étaient dehors. Les gendarmes faisaient l'appel une fois, deux fois, vingt fois. La chaleur était intense. La sueur inondait les visages et les corps.

Des enfants pleuraient pour avoir de l'eau.

De l'eau ! Il y en avait, toute proche, dans les maisons, dans les cours, mais il était interdit de quitter les rangs.

– De l'eau, maman, de l'eau !

Des policiers juifs du ghetto purent, en cachette, aller remplir quelques cruches. Mes sœurs et moi, qui avions encore le droit de bouger, étant destinés au dernier convoi, les aidâmes de notre mieux.

A une heure de l'après-midi enfin, on donna le signal du départ.

Ce fut de la joie, oui, de la joie. Ils pensaient sans doute qu'il n'y avait pas de souffrance plus grande dans l'enfer de Dieu que celle d'être assis là, sur le pavé, parmi les paquets, au milieu de la rue, sous un soleil incandescent, que tout valait mieux que cela. Ils se mirent en marche, sans un regard vers les rues abandonnées, vers les maisons vidées et éteintes, vers les jardins, vers les pierres tombales... Sur le dos de chacun, un sac. Dans les yeux de chacun, une souffrance, noyée de larmes. Lentement, pesamment, la procession s'avançait vers la porte du ghetto.

Et j'étais là, sur le trottoir, à les regarder passer, incapable de faire un mouvement. Voilà le rabbin, le dos voûté, le visage rasé, le balluchon sur le dos. Sa seule présence parmi les expulsés suffisait à rendre cette scène irréelle. Il me semblait voir une page arrachée à quelque livre de contes, à quelque roman historique sur la captivité de Babylone ou sur l'inquisition en Espagne.

Ils passaient devant moi, les uns après les autres, les maîtres d'études, les amis, les autres, tous ceux dont j'avais eu peur, tous ceux dont j'avais pu rire un jour, tous ceux avec lesquels j'avais vécu durant des années. Ils s'en allaient déchus, traînant leur sac, traînant leur vie, abandonnant leurs foyers et leurs années d'enfance, courbés comme des chiens battus.

Ils passaient sans me regarder. Ils devaient m'envier.

La procession disparut au coin de la rue. Quelques pas encore et elle avait franchi les murs du ghetto.

La rue était semblable à un marché abandonné à la hâte. On pouvait y trouver de tout : valises, serviettes, sacoches, couteaux, assiettes, billets de banque, papiers, des portraits jaunis. Toutes ces choses qu'un instant on avait songé à emporter et qu'on avait finalement laissées là. Elles avaient perdu toute valeur.

Des chambres ouvertes partout. Les portes et les fenêtres, béantes, donnant sur le vide. Tout était à tous, n'appartenant plus à personne. Il n'y avait qu'à se servir. Une tombe ouverte.

Un soleil d'été.

Nous avions passé le jour dans le jeûne. Mais nous n'avions guère faim. Nous étions épuisés.

Mon père avait accompagné les déportés jusqu'à la porte du ghetto. On les avait d'abord fait passer par la grande synagogue, où on les avait minutieusement fouillés, pour voir s'ils n'emportaient pas d'or, d'argent ou d'autres objets de valeur. Il y avait eu des crises de nerfs et des coups de matraques.

— Quand est-ce notre tour ? demandai-je à mon père.

— Après-demain. A moins que... à moins que les choses s'arrangent. Un miracle, peut-être...

Où emmenait-on les gens ? Ne le savait-on pas encore ? Non, le secret était bien gardé.

La nuit était tombée. Nous nous sommes mis tôt au lit, ce soir-là. Mon père avait dit :

— Dormez tranquillement, mes enfants. Ce sera seulement pour après-demain, mardi.

La journée du lundi passa comme un petit nuage d'été, comme un rêve aux premières heures de l'aube.

Occupés à préparer les sacs à dos, à cuire des pains et des galettes, nous ne pensions plus à rien. Le verdict avait été prononcé.

Le soir, notre mère nous fit coucher très tôt, pour faire provision de forces, disait-elle. La dernière nuit passée à la maison.

A l'aube, j'étais debout. Je voulais avoir le temps de prier avant qu'on nous expulse.

Mon père s'était levé avant nous tous pour aller aux informations. Il était rentré vers huit heures. Une bonne nouvelle : ce n'est pas aujourd'hui que nous quittions la ville. Nous allions seulement passer au petit ghetto. Nous attendrions là-bas le dernier transport. Nous serions les derniers à partir.

A neuf heures, les scènes du dimanche recommencèrent. Gendarmes à matraques hurlant : « Tous les Juifs dehors ! »

Nous étions prêts. Je sortis le premier. Je ne voulais pas regarder le visage de mes parents. Je ne voulais pas fondre en larmes. Nous restâmes assis au milieu de la rue, comme les autres avant-hier. Le même soleil d'enfer. La même soif. Mais il n'y avait plus personne pour nous apporter de l'eau.

Je contemplais notre maison où j'avais passé des années à chercher mon Dieu, à jeûner pour hâter la venue du Messie, à imaginer quelle serait ma vie. Triste, je ne l'étais guère. Je ne pensais à rien.

– Debout ! Dénombrement !

Debout. Comptés. Assis. Debout encore. De nouveau par terre. Sans fin. Nous attendions avec impatience qu'on nous emmène. Qu'attendait-on ? L'ordre arriva enfin : « En avant ! »

Mon père pleurait. C'était la première fois que je le voyais pleurer. Je ne m'étais jamais imaginé qu'il le pût. Ma mère, elle, marchait, le visage fermé, sans un mot, pensive. Je regardais ma petite sœur, Tsipora, ses cheveux blonds bien peignés, un manteau rouge sur les bras : petite fille de sept ans. Sur son dos, un sac trop lourd pour elle. Elle serrait les dents : elle savait déjà qu'il ne servait à rien de se plaindre. Les gendarmes distribuaient çà et là des coups de matraque : « Plus vite ! » Je n'avais plus de force. Le chemin ne faisait que commencer et déjà je me sentais si faible...

– Plus vite ! Plus vite ! Avancez, fainéants ! hurlaient les gendarmes hongrois.

C'est en cet instant que j'ai commencé à les haïr, et ma haine est la seule chose qui nous lie encore aujourd'hui. Ils étaient nos premiers oppresseurs. Ils étaient le premier visage de l'enfer et de la mort.

On nous ordonna de courir. Nous prîmes le pas de course. Qui aurait cru que nous étions si forts ? Derrière leurs fenêtres, derrière leurs volets, nos compatriotes nous regardaient passer.

Nous arrivâmes enfin à destination. Les sacs jetés à terre, on se laissa choir :

– Mon Dieu, Maître de l'Univers, prends-nous en pitié dans ta grande miséricorde...

Le petit ghetto. Il y a trois jours, des gens vivaient encore ici. Les gens à qui appartenaient les objets dont nous nous servions. Ils avaient été expulsés. Nous les avions déjà tout à fait oubliés.

Le désordre était encore plus grand que dans le grand ghetto. Les habitants avaient dû être chassés à l'improviste. Je visitai les chambres où habitait la famille de mon oncle. Sur la table, une assiette de soupe qu'on n'avait pas achevé de manger. De la pâte attendait d'être mise au four. Des livres étaient épars sur le plancher. Peut-être mon oncle avait-il songé à les emporter ?

Nous nous installâmes. (Quel mot !) J'allai chercher du bois, mes sœurs allumèrent le feu. Malgré sa fatigue, ma mère se mit à préparer un repas.

— Il faut tenir bon, il faut tenir bon, répétait-elle.

Le moral des gens n'était pas tellement mauvais : on commençait déjà à s'habituer à la situation. Dans la rue, on se laissait aller à tenir des discours optimistes. Les Boches n'allaient plus avoir le temps de nous expulser, disait-on... Pour ceux qui avaient déjà été déportés, hélas, il n'y avait plus rien à faire. Mais nous, ils nous laisseraient probablement vivre ici notre misérable petite vie, jusqu'à la fin de la guerre.

Le ghetto n'était pas gardé. Chacun pouvait y entrer et en sortir librement. Notre ancienne servante, Maria, était venue nous voir. Elle nous implora à chaudes larmes de venir dans son village, où elle avait préparé pour nous un gîte sûr.

Mon père ne voulut pas en entendre parler. Il nous dit, à mes deux grandes sœurs et à moi :

— Si vous voulez, allez-y. Je resterai ici avec maman et la petite...

Bien entendu, nous refusâmes de nous séparer.

Nuit. Personne ne priait pour que la nuit passe vite. Les étoiles n'étaient que les étincelles du grand feu qui nous dévorait. Que ce feu vienne à s'éteindre un jour, il n'y aurait plus rien au ciel, il n'y aurait que des étoiles éteintes, des yeux morts.

Il n'y avait rien d'autre à faire qu'à se mettre au lit, dans le lit des absents. Se reposer, prendre des forces.

A l'aube, il ne restait plus rien de cette mélancolie. On se serait cru en vacances. On disait :

— Qui sait, c'est peut-être pour notre bien qu'on nous déporte. Le front n'est plus très éloigné, on entendra bientôt le canon. Alors, on évacue les populations civiles...

— Ils craignent sans doute que nous ne devenions des partisans...

— A mon idée, toute cette affaire de déportation n'est rien de plus qu'une grande farce. Mais oui, ne riez pas. Les Boches veulent simplement dérober nos bijoux. Or, ils savent que tout est enterré, et qu'il faudra effectuer des fouilles : c'est plus facile lorsque les propriétaires sont en vacances...

En vacances !

Ces discours optimistes auxquels personne ne croyait faisait passer le temps. Les quelques jours que nous vécûmes ici passèrent assez agréablement, dans le calme. Les relations entre les gens étaient des plus amicales. Il n'y avait plus de riches, de notables, de « personnalités », seulement des condamnés à la même peine – encore inconnue.

Samedi, le jour du repos, était le jour choisi pour notre expulsion.

Nous avions fait, la veille, le repas traditionnel du vendredi soir. Nous avions dit les bénédictions d'usage sur le pain et le vin et avalé les mets sans dire mot. Nous étions, nous le sentions, ensemble pour la dernière fois autour de la table familiale. Je passai la nuit à remuer des souvenirs, des pensées, sans pouvoir trouver le sommeil.

A l'aube, nous étions dans la rue, prêts au départ. Cette fois, pas de gendarmes hongrois. Un accord avait été passé avec le Conseil Juif, qui allait tout organiser lui-même.

Notre convoi prit la direction de la grande synagogue. La ville paraissait déserte. Mais, derrière leurs volets, nos amis d'hier attendaient sans doute le moment de pouvoir piller nos maisons.

La synagogue ressemblait à une grande gare : des bagages et des larmes. L'autel était brisé, les tapisseries arrachées, les murs dénudés. Nous étions si nombreux que nous pouvions à peine respirer. Epouvantables vingt-quatre heures passées là. Les hommes étaient en bas. Les femmes, au premier étage. C'était samedi : on aurait dit que nous étions venus assister à l'office. Ne pouvant sortir, les gens faisaient leurs besoins dans un coin.

Le lendemain matin, nous marchions vers la gare, où nous attendait un convoi de wagons à bestiaux. Les gendarmes hongrois nous y firent monter, à raison de quatre-vingts personnes par wagon. On nous laissa quelques miches de pain, quelques seaux d'eau. On contrôla les barreaux des fenêtres, pour voir s'ils tenaient bon. Les wagons furent scellés. Dans chacun d'eux avait été désigné un responsable : si quelqu'un s'échappait, c'est lui qu'on fusillerait.

Sur le quai déambulaient deux officiers de la

Gestapo, tout souriants ; somme toute, cela s'était bien passé.

Un sifflement prolongé perça l'air. Les roues se mirent à grincer. Nous étions en route.

CHAPITRE II

Il n'était pas question de s'allonger, ni même de s'asseoir tous. On décida de s'asseoir à tour de rôle. L'air était rare. Heureux ceux qui se trouvaient près d'une fenêtre, ils voyaient défiler le paysage en fleurs.

Au bout de deux jours de voyage, la soif commença à nous torturer. Puis la chaleur devint insupportable.

Libérés de toute censure sociale, les jeunes se laissaient aller ouvertement à leurs instincts et à la faveur de la nuit, s'accouplaient au milieu de nous, sans se préoccuper de qui que ce fût, seuls dans le monde. Les autres faisaient semblant de ne rien voir.

Il nous restait des provisions. Mais on ne mangeait jamais à sa faim. Economiser, c'était notre principe, économiser pour le lendemain. Le lendemain pouvait être encore pire.

Le train s'arrêta à Kashau, une petite ville sur la frontière tchécoslovaque. Nous comprîmes alors que nous n'allions pas rester en Hongrie. Nos yeux s'ouvraient, trop tard.

La porte du wagon glissa. Un officier allemand se présenta, accompagné d'un lieutenant hongrois qui allait traduire son discours :

– Dès cet instant, vous passez sous l'autorité de l'Armée allemande. Celui qui possède encore de l'or, de l'argent, des montres, devra les remettre maintenant. Celui sur qui on trouvera plus tard quelque chose sera fusillé sur place. Secundo : celui qui se sent malade peut passer dans le wagon-hôpital. C'est tout.

Le lieutenant hongrois passa parmi nous avec une corbeille et ramassa les derniers biens de ceux qui ne voulaient plus sentir le goût amer de la terreur.

– Vous êtes quatre-vingts dans le wagon, ajouta l'officier allemand. Si quelqu'un manque, vous serez tous fusillés, comme des chiens...

Ils disparurent. Les portes se refermèrent. Nous étions tombés dans le piège, jusqu'au cou. Les portes étaient clouées, la route de retour définitivement coupée. Le monde était un wagon hermétiquement clos.

Il y avait parmi nous une certaine madame Schächter, une femme d'une cinquantaine d'années, et son fils, âgé de dix ans, accroupi dans son coin. Son mari et ses deux fils aînés avaient été déportés avec le premier transport, par erreur. Cette séparation l'avait complètement ébranlée.

Je la connaissais bien. Elle était souvent venue chez nous : une femme paisible, aux yeux brûlants et tendus. Son mari était un homme pieux, passant ses jours et ses nuits dans la maison d'étude, et c'était elle qui travaillait pour nourrir les siens.

Madame Schächter avait perdu la raison. Le premier jour de notre voyage, elle avait déjà commencé à gémir, à demander pourquoi on l'avait séparée des siens. Plus tard, ses cris devinrent hystériques.

La troisième nuit, comme nous dormions assis, l'un contre l'autre et quelques-uns debout, un cri aigu perça le silence :

– Un feu ! Je vois un feu ! Je vois un feu !

Ce fut un instant de panique. Qui avait crié ? C'était madame Schächter. Au milieu du wagon, à la pâle clarté qui tombait des fenêtres, elle ressemblait à un arbre desséché dans un champ de blé. De son bras, elle désignait la fenêtre, hurlant :

– Regardez ! Oh, regardez ! Ce feu ! Un feu terrible ! Ayez pitié de moi, *ce feu !*

Des hommes se collèrent aux barreaux. Il n'y avait rien, sauf la nuit.

Nous restâmes un long moment sous le coup de ce réveil terrible. Nous en tremblions encore. A chaque grincement de roue sur le rail, il nous semblait qu'un abîme allait s'ouvrir sous nos corps. Impuissants à endormir notre angoisse, nous essayions de nous consoler : « Elle est folle, la pauvre... » On lui avait mis un chiffon mouillé sur le front pour l'apaiser. Elle n'en continuait pas moins à hurler : « Ce feu ! Cet incendie !... »

Son petit garçon pleurait, s'accrochant à sa jupe, cherchant ses mains : « Ce n'est rien, Maman ! Ce n'est rien... Assieds-toi... » Il me faisait plus mal que les cris de sa mère. Des femmes tentaient de la calmer : « Vous allez retrouver votre mari et vos fils... Dans quelques jours...»

Elle continuait à crier, haletante, la voix entre-coupée de sanglots : « Juifs, écoutez-moi : je vois un feu ! Quelles flammes ! Quel brasier ! » Comme si une âme maudite était entrée en elle et parlait du fond de son être.

Nous tentions d'expliquer, pour nous tran-quiliser, pour reprendre notre propre souffle beaucoup plus que pour la consoler : « Elle doit avoir si soif, la pauvre ! C'est pour cela qu'elle parle du feu qui la dévore... »

Mais tout était vain. Notre terreur allait faire

éclater les parois du wagon. Nos nerfs allaient céder. Notre peau nous faisait mal. C'était comme si la folie allait s'emparer également de nous. On n'en pouvait plus. Quelques jeunes gens la firent asseoir de force, la lièrent et lui mirent un bâillon dans la bouche.

Le silence était revenu. Le petit garçon était assis près de sa mère et pleurait. J'avais recommencé à respirer normalement. On entendait les roues scander sur le rail le rythme monotone du train à travers la nuit. On pouvait se remettre à somnoler, à se reposer, à rêver...

Une heure ou deux passèrent ainsi. Un nouveau cri nous coupa la respiration. La femme s'était libérée de ses liens et hurlait plus fort qu'auparavant :

– Regardez ce feu ! Des flammes, des flammes partout...

Une fois de plus, les jeunes gens la lièrent et la bâillonnèrent. Ils lui donnèrent même quelques coups. On les encourageait :

– Qu'elle se taise, cette folle ! Qu'elle la ferme ! Elle n'est pas seule ! Qu'elle la boucle !...

On lui asséna plusieurs coups sur la tête, des coups à la tuer. Son petit garçon s'accrochait à elle, sans crier, sans dire un mot. Il ne pleurait même plus.

Une nuit qui ne finissait pas. Vers l'aube, madame Schächter s'était calmée. Accroupie dans son coin, le regard hébété scrutant le vide, elle ne vous voyait plus.

Tout le long du jour, elle demeura ainsi, muette, absente, isolée parmi nous. Au début de la nuit, elle se remit à hurler : « L'incendie, là ! » Elle désignait un point dans l'espace, toujours le même. On était fatigué de la battre. La chaleur, la soif, les odeurs pestilentielles, le manque d'air nous étouffaient, mais tout cela n'était rien, comparé à ces cris qui nous déchiraient. Quelques jours encore et nous nous serions mis à hurler également.

Mais on arriva dans une gare. Ceux qui se tenaient près des fenêtres nous donnèrent le nom de la station :

— Auschwitz.

Personne n'avait jamais entendu ce nom-là.

Le train ne repartait pas. L'après-midi passa lentement. Puis les portes du wagon glissèrent. Deux hommes pouvaient descendre pour chercher de l'eau.

Lorsqu'ils revinrent, ils racontèrent qu'ils avaient pu apprendre, en échange d'une montre en or, que c'était le terminus. On allait être débarqués. Il y avait ici un camp de travail. De bonnes conditions. Les familles ne seraient pas disloquées. Seuls les jeunes iraient travailler dans les fabriques. Les vieillards et les malades seraient occupés aux champs.

Le baromètre de la confiance fit un bond. C'était la libération soudaine de toutes les terreurs des nuits précédentes. On rendit grâce à Dieu.

Madame Schächter demeurait dans son coin, recroquevillée, muette, indifférente à la confiance générale. Son petit lui caressait la main.

Le crépuscule commença à emplir le wagon. Nous nous mîmes à manger nos dernières provisions. A dix heures du soir, chacun chercha une position convenable pour somnoler un peu, et bientôt tout le monde dormit. Soudain :

— Le feu ! L'incendie ! Regardez, là !...

Réveillés en sursaut, nous nous précipitâmes à la fenêtre. Nous l'avions crue, cette fois encore, ne fût-ce qu'un instant. Mais il n'y avait dehors que la nuit obscure. La honte dans l'âme, nous regagnâmes notre place, rongés par la peur, malgré nous. Comme elle continuait à hurler, nous nous remîmes à la battre et c'est à grand'peine que nous réussîmes à la faire taire.

Le responsable de notre wagon appela un officier allemand qui se promenait sur le quai, lui demandant qu'on transportât notre malade au wagon-hôpital.

— Patience, répondit l'autre, patience. On l'y transportera bientôt.

Vers onze heures, le train se remit en mouvement. On se pressait aux fenêtres. Le convoi roulait lentement. Un quart d'heure plus tard, il ralentit encore. Par les fenêtres, on apercevait des barbelés ; nous comprîmes que ce devait être le camp.

Nous avions oublié l'existence de madame Schächter. Soudain, nous entendîmes un hurlement terrible :

– Juifs, regardez ! Regardez le feu ! Les flammes, regardez !

Et comme le train s'était arrêté, nous vîmes cette fois des flammes sortir d'une haute cheminée, dans le ciel noir.

Madame Schächter s'était tue d'elle-même. Elle était redevenue muette, indifférente, absente et avait regagné son coin.

Nous regardions les flammes dans la nuit. Une odeur abominable flottait dans l'air. Soudain, nos portent s'ouvrirent. De curieux personnages, vêtus de vestes rayées, de pantalons noirs, sautèrent dans le wagon. Dans leurs mains, une lampe électrique et un bâton. Ils se mirent à frapper à droite et à gauche, avant de crier :

– Tout le monde descend ! Laissez tout dans le wagon ! Vite !

Nous sautâmes dehors. Je jetai un dernier regard vers madame Schächter. Son petit garçon lui tenait la main.

Devant nous, ces flammes. Dans l'air, cette odeur de chair brûlée. Il devait être minuit. Nous étions arrivés. A Birkenau.

CHAPITRE III

Les objets chers que nous avions traînés jusqu'ici restèrent dans le wagon et avec eux, enfin, nos illusions.

Tous les deux mètres, un S.S. la mitraillette braquée sur nous. La main dans la main, nous suivions la masse.

Un gradé S.S. vint à notre rencontre, une matraque à la main. Il ordonna :

– Hommes à gauche ! Femmes à droite !

Quatre mots dits tranquillement, indifféremment, sans émotion. Quatre mots simples, brefs. C'est l'instant pourtant où je quittai ma mère. Je n'avais pas eu le temps de penser, que déjà je sentais la pression de la main de mon père : nous restions seuls. En une fraction de seconde, je pus voir ma mère, mes sœurs, partir vers la droite. Tzipora tenait la main de Maman. Je les vis s'éloigner ; ma mère caressait les cheveux blonds de ma sœur, comme pour la protéger et moi, je continuais à marcher avec mon père, avec les hommes. Et je ne savais point qu'en ce lieu, en cet instant, je quittais ma mère et Tzipora pour toujours. Je continuai de marcher. Mon père me tenait par la main.

Derrière moi, un vieillard s'écroula. Près de lui, un S.S. rengainait son revolver.

Ma main se crispait au bras de mon père. Une seule pensée : ne pas le perdre. Ne pas rester seul.

Les officiers S.S. nous ordonnèrent :

— En rangs par cinq.

Un tumulte. Il fallait absolument rester ensemble.

— Hé, le gosse, quel âge as-tu ?

C'était un détenu qui m'interrogeait. Je ne voyais pas son visage, mais sa voix était lasse et chaude.

— Pas encore quinze ans.

— Non. Dix-huit.

— Mais non, repris-je. Quinze.

— Espèce d'idiot. Ecoute ce que *moi* je te dis. Puis il interrogea mon père, qui répondit :

— Cinquante ans.

Plus furieux encore, l'autre reprit :

— Non, pas cinquante ans. Quarante. Vous entendez ? Dix-huit et quarante.

Il disparut avec les ombres de la nuit. Un deuxième arriva, les lèvres chargées de jurons :

– Fils de chiens, pourquoi êtes-vous venus ? Hein, pourquoi ?

Quelqu'un osa lui répondre :

– Qu'est-ce que vous croyez ? Que c'est pour notre plaisir ? Que nous avons demandé à venir ?

Un peu plus, l'autre l'aurait tué :

– Tais-toi, fils de porc, ou je t'écrase sur place ! Vous auriez dû vous pendre là où vous étiez plutôt que de venir ici. Ne saviez-vous donc pas ce qui se préparait, ici, à Auschwitz ? Vous ignoriez cela ? En 1944 ?

Oui, nous l'ignorions. Personne ne nous l'avait dit. Il n'en croyait pas ses oreilles. Son ton se fit de plus en plus brutal :

– Vous voyez, là-bas, la cheminée ? La voyez-vous ? Les flammes, les voyez-vous ? (Oui, nous les voyions, les flammes). Là-bas, c'est là-bas qu'on vous conduira. C'est là-bas, votre tombe. Vous n'avez pas encore compris ? Fils de chiens, vous ne comprenez donc rien ? On va vous brûler ! Vous calciner ! Vous réduire en cendres !

Sa fureur devenait hystérique. Nous demeurions immobiles, pétrifiés. Tout cela n'était-il pas un cauchemar ? Un cauchemar inimaginable ?

Çà et là j'entendis murmurer :

– Il faut faire quelque chose. Il ne faut pas

nous laisser tuer, ne pas aller comme le bétail à l'abattoir. Il faut nous révolter.

Parmi nous se trouvaient quelques solides gaillards. Ils avaient sur eux des poignards et incitaient leurs compagnons à se jeter sur les gardiens armés. Un jeune garçon disait :

– Que le monde apprenne l'existence d'Auschwitz. Que l'apprennent tous ceux qui peuvent encore y échapper...

Mais les plus vieux imploraient leurs enfants de ne pas faire de bêtises :

– Il ne faut pas perdre confiance, même si l'épée est suspendue au-dessus des têtes. Ainsi parlaient nos Sages.

Le vent de révolte s'apaisa. Nous continuâmes de marcher jusqu'à un carrefour. Au centre se tenait le docteur Mengele, ce fameux docteur Mengele (officier S.S. typique, visage cruel, non dépourvu d'intelligence, monocle), une baguette de chef d'orchestre à la main, au milieu d'autres officiers. La baguette se mouvait sans trêve, tantôt à droite, tantôt à gauche.

Déjà je me trouvais devant lui :

– Ton âge ? demanda-t-il sur un ton qui se voulait peut-être paternel.

– Dix-huit ans. Ma voix tremblait.

– Bien portant ?

– Oui.

– Ton métier ?

Dire que j'étais étudiant ?

— Agriculteur, m'entendis-je prononcer.

Cette conversation n'avait pas duré plus de quelques secondes. Elle m'avait semblé durer une éternité.

La baguette vers la gauche. Je fis un demi-pas en avant. Je voulais voir d'abord où on enverrait mon père. Irait-il à droite, je l'aurais rattrapé.

La baguette, une fois encore, s'inclina pour lui vers la gauche. Un poids me tomba du cœur.

Nous ne savions pas encore quelle direction était la bonne, celle de gauche ou celle de droite, quel chemin conduisait au bagne et lequel au crématoire. Cependant, je me sentais heureux : j'étais près de mon père. Notre procession continuait d'avancer, lentement.

Un autre détenu s'approcha de nous :

— Contents ?

— Oui, répondit quelqu'un.

— Malheureux, vous allez au crématoire.

Il semblait dire la vérité. Non loin de nous, des flammes montaient d'une fosse, des flammes gigantesques. On y brûlait quelque chose. Un camion s'approcha du trou et y déversa sa charge : c'étaient des petits enfants. Des bébés ! Oui, je l'avais vu, de mes yeux vu... Des enfants dans les flammes. (Est-ce donc étonnant si depuis ce temps-là le sommeil fuit mes yeux ?)

Voilà donc où nous allions. Un peu plus loin se trouverait une autre fosse, plus grande, pour des adultes.

Je me pinçai le visage : vivais-je encore ? Etais-je éveillé ? Je n'arrivais pas à le croire. Comment était-il possible qu'on brûlât des hommes, des enfants et que le monde se tût ? Non, tout cela ne pouvait être vrai. Un cauchemar... J'allais bientôt m'éveiller en sursaut, le cœur battant et retrouver ma chambre d'enfant, mes livres...

La voix de mon père m'arracha à mes pensées :

— Dommage... Dommage que tu ne sois pas allé avec ta mère... J'ai vu beaucoup d'enfants de ton âge s'en aller avec leur mère...

Sa voix était terriblement triste. Je compris qu'il ne voulait pas voir ce qu'on allait me faire. Il ne voulait pas voir brûler son fils unique.

Une sueur froide couvrait son front. Mais je lui dis que je ne croyais pas qu'on brûlât des hommes de notre époque, que l'humanité ne l'aurait jamais toléré...

— L'humanité ? L'humanité ne s'intéresse pas à nous. Aujourd'hui, tout est permis. Tout est possible, même les fours crématoires... Sa voix s'étranglait.

— Père, lui dis-je, s'il en est ainsi, je ne veux plus attendre. J'irai vers les barbelés électrifiés.

Cela vaut mieux qu'agoniser durant des heures dans les flammes.

Il ne me répondit pas. Il pleurait. Son corps était secoué d'un tremblement. Autour de nous, tout le monde pleurait. Quelqu'un se mit à réciter le Kaddich, la prière des morts. Je ne sais pas s'il est déjà arrivé, dans la longue histoire du peuple juif, que les hommes récitent la prière des morts sur eux-mêmes.

— *Yitgadal veyitkadach chmé raba...* Que Son Nom soit grandi et sanctifié... murmurait mon père.

Pour la première fois, je sentis la révolte grandir en moi. Pourquoi devais-je sanctifier Son Nom ? L'Eternel, Maître de l'univers, l'Eternel Tout-Puissant et Terrible se taisait, de quoi allais-je Le remercier ?

Nous continuions à marcher. Nous nous rapprochâmes peu à peu de la fosse, d'où se dégageait une chaleur infernale. Vingt pas encore. Si je voulais me donner la mort, c'était le moment. Notre colonne n'avait plus à franchir qu'une quinzaine de pas. Je me mordais les lèvres pour que mon père n'entende pas le tremblement de mes mâchoires. Dix pas encore. Huit. Sept. Nous marchions lentement, comme après un corbillard, suivant notre enterrement. Plus que quatre pas. Trois pas. Elle était là maintenant, tout près de nous, la fosse et ses flammes. Je rassemblais tout ce qui me restait de forces afin de sauter hors du rang et me jeter sur les barbelés. Au fond de mon cœur, je faisais mes adieux à mon père, à l'univers tout entier et, malgré moi, des mots se formaient et se présentaient dans un murmure à mes lèvres : *Yitgadal veyitkadach chmé raba...* Que Son Nom soit élevé et sanctifié... Mon cœur allait éclater. Voilà. Je me trouvais en face de l'ange de la mort...

Non. A deux pas de la fosse, on nous ordonna de tourner à gauche, et on nous fit entrer dans une baraque.

Je serrai fort la main de mon père. Il me dit :

– Te rappelles-tu madame Schächter, dans le train ?

Jamais je n'oublierai cette nuit, la première nuit de camp qui a fait de ma vie une nuit longue et sept fois verrouillée.

Jamais je n'oublierai cette fumée.

Jamais je n'oublierai les petits visages des enfants dont j'avais vu les corps se transformer en volutes sous un azur muet.

Jamais je n'oublierai ces flammes qui consumèrent pour toujours ma Foi.

Jamais je n'oublierai ce silence nocturne qui m'a privé pour l'éternité du désir de vivre.

Jamais je n'oublierai ces instants qui assassinèrent mon Dieu et mon âme, et mes rêves qui
prirent le visage du désert.

Jamais je n'oublierai cela, même si j'étais
condamné à vivre aussi longtemps que Dieu lui-
même. Jamais.

La baraque où l'on nous avait fait entrer était
très longue. Au toit, quelques lucarnes bleutées.
C'est cet aspect que doit avoir l'antichambre de
l'enfer. Tant d'hommes affolés, tant de cris, tant
de brutalité bestiale.

Des dizaines de détenus nous accueillirent, le
bâton à la main, frappant n'importe où, sur
n'importe qui, sans aucune raison. Des ordres :
« A poil ! Vite ! *Raus !* Gardez seulement votre
ceinture et vos chaussures à la main... »

On devait jeter ses vêtements au fond de la
baraque. Il y en avait déjà là-bas tout un tas. Des
costumes neufs, d'autre vieux, des manteaux
déchirés, des loques : celle de la nudité.
Tremblant de froid.

Quelques officiers S.S. circulaient dans la
pièce, cherchant les hommes robustes. Si la
vigueur était si appréciée, peut-être fallait-il
tâcher de se faire passer pour solide ? Mon père
pensait le contraire. Il valait mieux ne pas se
mettre en évidence. Le destin des autres serait
le nôtre. (Plus tard, nous devions apprendre
que nous avions eu raison. Ceux qui avaient été

choisis ce jour-là furent incorporés dans la *Sonder-Kommando,* le Kommando qui travaillait aux crématoires. Bela Katz – le fils d'un gros commerçant de ma ville – était arrivé à Birkenau avec le premier transport, une semaine avant nous. Lorsqu'il apprit notre arrivée, il nous fit passer un mot disant que, choisi pour sa robustesse, il avait lui-même introduit le corps de son père dans le four crématoire).

Les coups continuaient à pleuvoir :

– Au coiffeur !

La ceinture et les chaussures à la main, je me laissais entraîner vers les coiffeurs. Leurs tondeuses arrachaient les cheveux, rasaient tous les poils du corps. Dans ma tête bourdonnait toujours la même pensée : ne pas m'éloigner de mon père.

Libérés des mains des coiffeurs, nous nous mîmes à errer dans la masse, rencontrant des amis, des connaissances. Ces rencontres nous emplissaient de joie – oui, de joie – : « Dieu soit loué ! Tu vis encore !... »

Mais d'autres pleuraient. Ils profitaient de ce qu'il leur restait de force pour pleurer. Pourquoi s'étaient-ils laissés amener ici ? Pourquoi n'étaient-ils pas morts sur leur lit ? Les sanglots entrecoupaient leur voix.

Soudain, quelqu'un se jeta à mon cou et m'embrassa : Yechiel, le frère du Rabbin de

Sighet. Il pleurait à chaudes larmes. Je crus qu'il pleurait de joie d'être encore en vie.

– Ne pleure pas, Yechiel, lui dis-je. Dommage pour les autres...

– Ne pas pleurer ? Nous sommes sur le seuil de la mort. Bientôt on sera dedans... Comprends-tu ? Dedans. Comment ne pleure-rais-je pas ?

Par les lucarnes bleutées du toit, je voyais la nuit se dissiper peu à peu. J'avais cessé d'avoir peur. Et puis une fatigue inhumaine m'accablait.

Les absents n'effleuraient même plus nos mémoires. On parlait encore d'eux – « qui sait ce qu'ils sont devenus ? » – mais on se souciait peu de leur destin. On était incapable de pen-ser à quoi que ce soit. Les sens s'étaient obs-trués, tout s'estompait dans un brouillard. On ne se raccrochait plus à rien. L'instinct de conservation, d'auto-défense, l'amour-propre – tout avait fui. Dans un ultime moment de luci-dité, il me sembla que nous étions des âmes mau-dites errant dans le monde-du-néant, des âmes condamnées à errer à travers les espaces jusqu'à la fin des générations, à la recherche de leur rédemption, en quête de l'oubli – sans espoir de le trouver.

Vers cinq heures du matin, on nous expulsa de la baraque. Des « Kapos » nous frappaient de nouveau, mais j'avais cessé de sentir la douleur des coups. Une brise glacée nous enveloppait. Nous étions nus, les souliers et la ceinture à la main. Un ordre : « Courir ! » Et nous courons. Au bout de quelques minutes de courses, une nouvelle baraque.

Un baril de pétrole à la porte. Désinfection. On y trempe chacun. Une douche chaude ensuite. A toute vitesse. Sortis de l'eau, on est chassé dehors. Courir encore. Encore une baraque : le magasin. De très longues tables. Des montagnes de tenues de bagnards. Nous courons. Au passage on nous lance pantalons, blouse, chemise et chaussettes.

En quelques secondes, nous avions cessé d'être des hommes. Si la situation n'avait été tragique, nous aurions pu éclater de rire. Quels accoutrements ! Méir Katz, un colosse, avait reçu un pantalon d'enfant et Stern, petit bonhomme maigre, une blouse dans laquelle il se noyait. On procéda aussitôt aux échanges nécessaires.

Je jetai un coup d'œil vers mon père. Comme il avait changé ! Ses yeux s'étaient obscurcis. J'aurais voulu lui dire quelque chose, mais je ne savais quoi.

La nuit avait complètement passé. L'étoile du matin brillait au ciel. J'étais devenu un tout autre homme, moi aussi. L'étudiant talmudiste, l'enfant que j'étais s'étaient consumés dans les flammes. Il ne restait plus qu'une forme qui me ressemblait. Une flamme noire s'était introduite dans mon âme et l'avait dévorée.

Tant d'événements étaient arrivés en quelques heures que j'avais complètement perdu la notion du temps. Quand avions-nous quitté nos maisons ? Et le ghetto ? Et le train ? Une semaine seulement ? Une nuit – *une seule* nuit ?

Depuis combien de temps nous tenions-nous ainsi dans le vent glacé ? Une heure ? Une simple heure ? Soixante minutes ?

C'était sûrement un rêve.

Non loin de nous, des détenus travaillaient. Les uns creusaient des trous, d'autres transportaient du sable. Aucun d'eux ne nous jetait un regard. Nous étions des arbres desséchés au cœur d'un désert. Derrière moi, des gens parlaient. Je n'avais aucune envie d'écouter ce qu'ils disaient, de savoir qui parlait et de quoi ils parlaient. Personne n'osait élever la voix, bien qu'il n'y eût pas de surveillant près de nous. On chuchotait. Peut-être était-ce à cause de l'épaisse fumée qui empoisonnait l'air et prenait à la gorge...

On nous fit entrer dans une nouvelle baraque, dans le camp des gitans. En rangs par cinq.

– Et qu'on ne bouge plus !

Il n'y avait pas de plancher. Un toit et quatre murs. Les pieds s'enfonçaient dans la boue.

L'attente recommença. Je m'endormis debout. Je rêvai d'un lit, d'une caresse de ma mère. Et je m'éveillai : j'étais debout, les pieds dans la boue. Certains s'écroulaient et restaient couchés.

D'autres s'écriaient :

— Vous êtes fous ? On a dit de rester debout. Vous voulez nous attirer un malheur ?

Comme si tous les malheurs du monde n'avaient pas déjà fondu sur nos têtes. Peu à peu, nous nous assîmes tous dans la boue. Mais il fallait se lever à tout instant, chaque fois qu'entrait un Kapo pour voir si quelqu'un n'avait pas une paire de chaussures neuves. Il fallait les lui remettre. Rien ne servait de s'y opposer : les coups pleuvaient et, à la fin du compte, on perdait quand même ses chaussures.

J'avais moi-même des chaussures neuves. Mais comme elles étaient recouvertes d'une épaisse couche de bouc, on ne les avait pas remarquées. Je remerciai Dieu, dans une bénédiction de circonstance, pour avoir créé la boue dans son univers infini et merveilleux.

Le silence soudain s'appesantit. Un officier S.S. était entré et, avec lui, l'odeur de l'ange de la mort. Nos regards s'accrochaient à ses lèvres charnues. Du milieu de la baraque, il nous harangua :

– Vous vous trouvez dans un camp de concentration. A Auschwitz...

Une pause. Il observait l'effet qu'avaient produit ses paroles. Son visage est resté dans ma mémoire jusqu'à aujourd'hui. Un homme grand, la trentaine, le crime inscrit sur son front et dans ses pupilles. Il nous dévisageait comme une bande de chiens lépreux s'accrochant à la vie.

– Souvenez-vous en, poursuivit-il. Souvenez-vous-en toujours, gravez-le dans votre mémoire. Vous êtes à Auschwitz. Et Auschwitz n'est pas une maison de convalescence. C'est un camp de concentration. Ici, vous devez travailler. Sinon, vous irez droit à la cheminée. Au crématoire. Travailler ou le crématoire – le choix est entre vos mains.

Nous avions déjà beaucoup vécu cette nuit, nous croyions que plus rien ne pouvait nous effrayer encore. Mais ses paroles sèches nous firent frissonner. Le mot « cheminée » n'était pas ici un mot vide de sens : il flottait dans l'air, mêlé à la fumée. C'était peut-être le seul mot qui eût ici un sens réel. Il quitta la baraque. Apparurent les Kapos, criant :

– Tous les spécialistes – serruriers, menuisiers, électriciens, horlogers – un pas en avant !

On fit passer les autres dans une autre baraque, en pierre cette fois. Avec la permission de s'asseoir. Un déporté tzigane nous surveillait.

Mon père fut pris soudain de coliques. Il se leva et s'en fut vers le Tzigane, lui demandant poliment, en allemand :

– Excusez-moi... Pouvez-vous me dire où se trouvent les toilettes ?

Le Tzigane le dévisagea longuement, des pieds à la tête. Comme s'il avait voulu se convaincre que l'homme qui lui adressait la parole était bien un être en chair et en os, un être vivant avec un corps et un ventre. Ensuite, comme soudain réveillé d'un sommeil léthargique, il allongea à mon père une telle gifle que celui-ci s'écroula, puis regagna sa place à quatre pattes.

J'étais resté pétrifié. Que m'était-il donc arrivé ? On venait de frapper mon père, devant mes yeux, et je n'avais même pas sourcillé. J'avais regardé et je m'étais tu. Hier, j'aurais enfoncé mes ongles dans la chair de ce criminel. Avais-je donc tellement changé ? Si vite ? Le remords maintenant commençait à me ronger. Je pensais seulement : jamais je ne leur pardonnerai cela. Mon père devait m'avoir deviné ; il me souffla à l'oreille : « Ça ne fait pas mal ». Sa joue gardait encore la marque rouge de la main.

– Tout le monde dehors !

Une dizaine de Tziganes étaient venus se joindre à notre gardien. Des matraques et des fouets claquaient autour de moi. Mes pieds couraient sans que j'y pense. J'essayais de me protéger des coups derrière les autres. Un soleil de printemps.

– En rangs, par cinq !

Les prisonniers que j'avais aperçus le matin travaillaient à côté. Aucun gardien près d'eux, seulement l'ombre de la cheminée... Engourdi par les rayons de soleil et par mes rêves, je sentis qu'on me tirait par la manche. C'était mon père : « Avance, mon petit ».

On marchait. Des portes s'ouvraient, se refermaient. On continuait à marcher entre les barbelés électrifiés. A chaque pas, une pancarte blanche avec un crâne de mort noir qui nous regardait. Une inscription : « Attention ! Danger de mort ». Dérision : y avait-il ici un seul endroit où l'on ne fût pas en danger de mort ?

Les Tziganes s'étaient arrêtés près d'une baraque. Ils furent remplacés par des S.S. qui nous encerclèrent. Revolvers, mitraillettes, chiens policiers.

La marche avait duré une demi-heure. Regardant autour de moi, je m'aperçus que les barbelés étaient derrière nous. Nous étions sortis du camp.

C'était une belle journée de mai. Des parfums de printemps flottaient dans l'air. Le soleil baissait vers l'ouest.

Mais à peine eut-on marché quelques instants qu'on aperçut les barbelés d'un autre camp. Une porte en fer avec, au-dessus, cette inscription : « Le travail, c'est la liberté ! »

Auschwitz.

Première impression : c'était mieux que Birkenau. Des bâtiments en béton à deux étages au lieu des baraques de bois. Des jardinets çà et là. On nous conduisit vers un de ces « blocs ». Assis par terre à la porte, nous recommençâmes d'attendre. De temps à autre, on faisait entrer quelqu'un. C'étaient les douches, formalité obligatoire à l'entrée de tous ces camps. Qu'on aille de l'un à l'autre plusieurs fois par jour, il fallait passer chaque fois par les bains.

Sortis de l'eau chaude, on restait à grelotter dans la nuit. Les vêtements étaient restés dans le bloc, et on nous avait promis d'autres habits.

Vers minuit, on nous dit de courir.

– Plus vite, hurlaient les gardiens. Plus vite vous courrez, plus tôt vous irez vous coucher.

Après quelques minutes de course folle, nous arrivâmes devant un nouveau bloc. Le responsable nous y attendait. C'était un jeune Polonais, qui nous souriait. Il se mit à nous parler et, malgré notre lassitude, nous l'écoutâmes patiemment :

– Camarades, vous vous trouvez au camp de concentration d'Auschwitz. Une longue route de souffrances vous attend. Mais ne perdez pas courage. Vous venez déjà d'échapper au plus grand danger : la sélection. Eh bien, rassemblez vos forces et ne perdez pas espoir. Nous verrons tous le jour de la libération. Ayez confiance en la vie, mille fois confiance. Chassez le désespoir et vous éloignerez de vous la mort. L'enfer ne dure pas éternellement... Et maintenant, une prière, plutôt un conseil : que la camaraderie règne parmi vous. Nous sommes tous des frères et subissons le même sort. Au-dessus de nos têtes flotte la même fumée. Aidez-vous les uns les autres. C'est le seul moyen de survivre. Assez parlé, vous êtes fatigués. Ecoutez ; vous êtes dans le Bloc 17 ; je suis le responsable de l'ordre ici ; chacun peut venir me voir s'il a à se plaindre de quelqu'un. C'est tout. Allez dormir. Deux personnes par lit. Bonne nuit.

Les premières paroles humaines.

Dès que nous eûmes grimpé sur nos châlits, un lourd sommeil nous assaillit.

Le lendemain matin, les « anciens » nous traitèrent sans brutalité. Nous allâmes aux lavabos. On nous donna des vêtements neufs. On nous apporta du café noir.

Nous quittâmes le bloc vers dix heures, pour permettre le nettoyage. Dehors, le soleil nous réchauffa. Notre moral était bien meilleur. Nous ressentions les bienfaits du sommeil de la nuit. Des amis se rencontraient, on échangeait quelques phrases. On parlait de tout, sauf de ceux qui avaient disparu. L'opinion générale était que la guerre était sur le point de s'achever.

Vers midi, on nous apporta de la soupe, une assiette de soupe épaisse pour chacun. Bien que tenaillé par la faim, je refusai d'y toucher. J'étais encore l'enfant gâté de jadis. Mon père avala ma ration.

A l'ombre du bloc, nous fîmes ensuite une petite sieste. Il avait dû mentir, l'officier S.S. de la baraque boueuse : Auschwitz était bien une maison de repos...

Dans l'après-midi, on nous mit en rangs. Trois prisonniers apportèrent une table et des instruments médicaux. La manche du bras gauche relevée, chacun devait passer devant la table. Les trois « anciens », des aiguilles à la main, nous gravaient un numéro sur le bras gauche. Je devins A-7713. Je n'eus plus désormais d'autre nom.

Au crépuscule, appel. Les commandos de travailleurs étaient rentrés. Près de la porte, l'orchestre jouait des marches militaires. Des dizaines de milliers de détenus se tenaient sur les rangs pendant que les S.S. vérifiaient leur nombre.

Après l'appel, les prisonniers de tous les blocs se dispersèrent à la recherche d'amis, de parents, de voisins arrivés par le dernier convoi.

Les jours passaient. Le matin : café noir. A midi : soupe. (Le troisième jour, je mangeais n'importe quelle soupe avec appétit). A six heures de l'après-midi : appel. Ensuite du pain et quelque chose. A neuf heures : au lit.

Nous étions déjà depuis huit jours à Auschwitz. C'était après l'appel. Nous n'attendions plus que le son de la cloche qui devait annoncer la fin de l'appel. J'entendis tout à coup quelqu'un passer entre les rangs et demander :

— Qui d'entre vous est Wiesel de Sighet ?

Celui qui nous cherchait était un petit bonhomme à lunettes, au visage ridé et vieilli. Mon père lui répondit :

— C'est moi, Wiesel de Sighet.

Le petit bonhomme le dévisagea longuement, les yeux plissés :

— Vous ne me reconnaissez pas... Vous ne me reconnaissez pas... Je suis votre parent, Stein. Déjà oublié ? Stein ! Stein d'Anvers. Le mari de

Reizel. Votre femme était la tante de Reizel... Elle nous écrivait souvent... et quelles lettres !

Mon père ne l'avait pas reconnu. Il devait l'avoir à peine connu, car il était toujours plongé jusqu'au cou dans les affaires de la communauté et beaucoup moins versé dans les affaires de famille. Il était toujours ailleurs, perdu dans ses pensées. (Une fois, une cousine était venue nous voir à Sighet. Elle habitait chez nous et mangeait à notre table depuis quinze jours lorsque mon père remarqua sa présence pour la première fois). Non, il ne pouvait pas se souvenir de Stein. Moi, je l'avais très bien reconnu. J'avais connu Reizel, sa femme, avant qu'elle ne parte pour la Belgique. Il parla :

— On m'a déporté en 1942. J'ai entendu dire qu'un transport était arrivé de votre région et je suis allé à votre recherche. J'ai pensé que vous auriez peut-être des nouvelles de Reizel et de mes deux petits garçons qui sont restés à Anvers...

Je ne savais rien à leur sujet. Depuis 1940, ma mère n'avait plus reçu une seule lettre d'eux. Mais je mentis :

— Oui, ma mère a reçu des nouvelles de chez vous. Reizel se porte très bien. Les enfants aussi...

Il pleurait de joie. Il aurait voulu rester plus longtemps, connaître plus de détails, s'imbiber de bonnes nouvelles, mais un S.S. s'approchait et il dut s'en aller, nous criant qu'il reviendrait le lendemain.

La cloche annonça qu'on pouvait se disperser. Nous allâmes chercher le repas du soir, pain et margarine. J'avais une faim terrible et avalai aussitôt ma ration sur place. Mon père me dit :

– Il ne faut pas manger tout d'un coup. Demain aussi est une journée...

Et voyant que son conseil était arrivé trop tard et qu'il ne restait plus rien de ma ration, il n'entama même pas la sienne :

– Moi, je n'ai pas faim, dit-il.

Nous demeurâmes à Auschwitz trois semaines. Nous n'avions rien à faire. Nous dormions beaucoup. L'après-midi et la nuit.

L'unique souci était d'éviter les départs, de rester ici le plus longtemps possible. Ce n'était pas difficile : il suffisait de ne jamais s'inscrire comme ouvrier qualifié. Les manœuvres, on les gardait pour la fin.

Au début de la troisième semaine, on destitua notre chef de bloc, jugé trop humain. Notre nouveau chef était féroce et ses aides de véritables monstres. Les bons jours étaient passés. On commença à se demander s'il ne valait pas mieux se laisser désigner pour le prochain départ.

Stein, notre parent d'Anvers, continuait à nous rendre visite et, de temps à autre, apportait une demi-ration de pain :

— Tiens, c'est pour toi, Eliezer.

Chaque fois qu'il venait, des larmes lui coulaient sur les joues, s'y figeaient, s'y glaçaient. Souvent, il disait à mon père :

— Surveille ton fils. Il est très faible, desséché. Surveillez-vous bien, pour éviter la sélection. Mangez ! N'importe quoi et n'importe quand. Dévorez tout ce que vous pouvez. Les faibles ne font pas long feu ici...

Et il était lui-même si maigre, si desséché, si faible...

— La seule chose qui me garde en vie, avait-il coutume de dire, est de savoir que Reizel vit encore et mes petits. N'était-ce pour eux, je ne tiendrais pas.

Il vint vers nous, un soir, le visage radieux.

— Un transport vient d'arriver d'Anvers. J'irai les voir demain. Ils auront sûrement des nouvelles...

Il s'en alla.

Nous ne devions plus le revoir. Il avait eu des nouvelles. De *vraies* nouvelles.

Le soir, couchés sur nos litières, nous essayions de chanter quelques mélodies hassidiques et Akiba Drumer nous brisait le cœur et sa voix grave et profonde.

Certains parlaient de Dieu, de ses voies mystérieuses, des péchés du peuple juif et de la délivrance future. Moi, j'avais cessé de prier. Comme j'étais avec Job ! Je n'avais pas renié Son existence mais je doutais de Sa justice absolue.

Akiba Drumer disait :

– Dieu nous éprouve. Il veut voir si nous sommes capables de dominer les mauvais instincts, de tuer en nous le Satan. Nous n'avons pas le droit de désespérer. Et s'il nous châtie impitoyablement, c'est signe qu'il nous aime d'autant plus...

Hersch Genud, versé dans la Kabbale, parlait, lui, de la fin du monde et de la venue du Messie.

De temps à autre seulement, au milieu de ces bavardages, une pensée bourdonnait dans mon esprit : « Où est Maman, en ce moment... et Tzipora... »

– Maman est encore une femme jeune, dit une fois mon père. Elle doit être dans un camp de travail. Et Tzipora, n'est-elle pas déjà une grande fille ? Elle aussi doit être dans un camp...

Comme on aurait voulu y croire ! On faisait semblant : si l'autre, lui, y croyait ?

Tous les ouvriers qualifiés avaient déjà été envoyés vers d'autres camps. Nous n'étions plus qu'une centaine de simples manœuvres.

– C'est votre tour, aujourd'hui, nous annonça le secrétaire du Bloc. Vous partez avec les transports.

A dix heures, on nous donna la ration de pain quotidienne. Une dizaine de S.S. nous entourèrent. A la porte, le panneau : « Le travail, c'est la liberté ». On nous compta. Et voilà, nous étions en pleine campagne, sur la route ensoleillée. Au ciel, quelques petits nuages blancs.

On marchait lentement. Les gardiens n'étaient pas pressés. Nous nous en réjouissions. A la traversée des villages, beaucoup d'Allemands nous dévisageaient sans étonnement. Ils avaient probablement déjà vu pas mal de ces processions...

En chemin, on rencontra de jeunes allemandes. Les gardiens se mirent à les taquiner. Les filles riaient, heureuses. Elles se laissèrent embrasser, chatouiller, et éclataient de rire. Ils riaient tous, plaisantaient, se jetèrent des mots d'amour durant un bon bout de chemin. Pendant ce temps, au moins nous n'avions à subir ni cris ni coups de crosse.

Au bout de quatre heures, nous arrivâmes au nouveau camp : Buna. La porte de fer se referma derrière nous.

CHAPITRE IV

Le camp avait l'air d'avoir subi une épidémie : vide et mort. Seuls quelques détenus bien vêtus se promenaient entre les blocs.

Bien entendu, on nous fit d'abord passer par les douches. Le responsable du camp nous y rejoignit. C'était un homme fort, bien bâti, large d'épaules ; cou de taureau, lèvres épaisses, cheveux frisés. Il faisait l'impression d'être bon. Un sourire brillait de temps en temps dans ses yeux bleus cendrés. Notre convoi comportait quelques enfants de dix, douze ans. L'officier s'intéressa à eux et ordonna qu'on leur apportât quelque nourriture.

Après qu'on nous eût donné de nouveaux habits, nous fûmes installés dans deux tentes. Il fallait attendre qu'on nous incorpore dans des commandos de travail, puis on passerait dans un bloc.

Le soir, les commandos de travail rentrèrent des chantiers. Appel. Nous nous mîmes à rechercher des connaissances, à interroger les anciens pour savoir quel commando de travail était le meilleur, dans quel bloc il faudrait essayer d'entrer. Tous les détenus étaient d'accord pour dire :

– Buna est un camp très bien. On peut tenir le coup. L'essentiel est de ne pas être affecté au commando de la construction...

Comme si le choix avait été entre nos mains.

Notre chef de tente était un Allemand. Le visage d'un assassin, les lèvres charnues, les mains pareilles aux pattes d'un loup. La nourriture du camp ne lui avait pas mal profité : c'est tout juste s'il pouvait se remuer. Comme le chef du camp, il aimait les enfants. Aussitôt après notre arrivée, il leur avait fait apporter du pain, de la soupe et de la margarine. (En réalité, cette affection n'était pas désintéressée : les enfants faisaient ici l'objet, entre homosexuels, d'une véritable traite, je l'appris plus tard.) Il nous annonça :

– Vous restez chez moi trois jours, en quarantaine. Ensuite, vous irez travailler. Demain, visite médicale.

Un de ses aides – un enfant aux yeux de voyou et au visage dur – s'approcha de moi :

– Veux-tu appartenir à un bon kommando ?

– Bien sûr. Mais à une condition : je veux être avec mon père...

– D'accord, dit-il. Je peux arranger ça. Pour une misère : tes souliers. Je t'en donnerai d'autres.

Je lui refusai mes chaussures. C'était tout ce qui me restait.

– Je te donnerai en plus une ration de pain avec un morceau de margarine...

Les souliers lui plaisaient ; mais je ne les lui cédai point. (Ils m'ont quand même été enlevés plus tard. Mais contre rien, cette fois.)

Visite médicale en plein air, aux premières heures de la matinée, devant trois médecins assis sur un banc.

Le premier ne m'ausculta guère. Il se contenta de me demander :

– Tu te portes bien ?

Qui aurait osé dire le contraire ?

Le dentiste, en revanche, semblait plus consciencieux : il ordonnait d'ouvrir grand la bouche. En réalité, il ne cherchait pas à voir les dents gâtées, mais les dents en or. Celui qui avait de l'or dans la bouche, on inscrivait son numéro sur une liste. J'avais, moi, une couronne.

Les trois premiers jours passèrent rapidement. Le quatrième jour, à l'aube, alors que nous nous

tenions devant la tente, des kapos apparurent.
Chacun se mit à choisir les hommes qui lui plaisaient :

– Toi... toi... et toi... désignait-il du doigts,
comme on choisit une bête, une marchandise.

Nous suivîmes notre kapo, un jeune. Il nous
fit arrêter à l'entrée du premier bloc, près de la
porte du camp. C'était le bloc de l'orchestre.
« Entrez », ordonna-t-il. Nous étions surpris :
qu'avions-nous à faire avec la musique ?

L'orchestre jouait une marche militaire, toujours la même. Des dizaines de kommandos par-
taient vers les chantiers, au pas. Les kapos scan-
daient : « Gauche, droite, gauche, droite. »

Des officiers S.S., plume et papier à la main,
inscrivaient le nombre d'hommes qui sortaient.
L'orchestre continua de jouer la même marche
jusqu'au passage du dernier kommando. Le chef
d'orchestre immobilisa alors sa baguette.
L'orchestre s'arrêta net, et le kapo hurla : « En
rangs ! »

Nous nous mîmes en rangs par cinq, avec les
musiciens. Nous sortîmes du camp, sans
musique mais au pas cependant : nous avions
toujours dans les oreilles les échos de la marche.

– Gauche, droite ! Gauche, droite !

Nous engageâmes la conversation avec nos
voisins, les musiciens. C'étaient presque tous des
Juifs. Juliek, Polonais, des lunettes et un sourire

cynique sur son visage pâle. Louis, originaire de Hollande, violoniste réputé. Il se plaignait qu'on ne le laissait pas interpréter Beethoven : les Juifs n'avaient pas le droit de jouer de la musique allemande. Hans, jeune Berlinois plein d'esprit. Le contremaître était un Polonais : Franek, ancien étudiant à Varsovie.

Juliek m'expliqua :

– Nous travaillons dans un dépôt de matériel électrique, pas loin d'ici. Le travail n'est guère difficile, ni dangereux. Mais Idek, le kapo, a de temps à autre des accès de folie et il vaut mieux ne pas se trouver alors sur son chemin.

– Tu en as de la chance, petit, dit Hans, en souriant. Tu es tombé dans un bon kommando...

Dix minutes plus tard, nous étions devant le dépôt. Un employé allemand, un civil, le *meister,* vint à notre rencontre. Il ne fit guère plus attention à chacun de nous qu'un commerçant à une livraison de vieux chiffons.

Nos camarades avaient raison : le travail n'était pas difficile. Assis par terre, il fallait compter les boulons, des ampoules et de menues pièces électriques. Le kapo nous expliqua en long et en large la grande importance de ce travail, nous avertissant que celui qui se montrerait oisif aurait affaire à lui. Mes nouveaux camarades me rassurèrent :

– Ne crains rien. Il doit dire cela à cause du *meister.*

Il y avait là de nombreux Polonais en civil et quelques femmes françaises également. Elles saluèrent des yeux les musiciens.

Franek, le contremaître, me plaça dans un coin :

– Ne te crève pas, ne te presse pas. Mais fais attention qu'un S.S. ne te surprenne pas.

– Contremaître... j'aurais voulu être près de mon père.

– D'accord. Ton père travaillera ici, à côté de toi.

Nous avions de la chance.

Deux garçons furent adjoints à notre groupe : Yossi et Tibi, deux frères, Tchécoslovaques, dont les parents avaient été exterminés à Birkenau. Ils vivaient corps et âme l'un pour l'autre.

Ils devinrent rapidement mes amis. Ayant appartenu jadis à une organisation de jeunesse sioniste, ils connaissaient d'innombrables chants hébreux. Aussi nous arrivait-il de fredonner doucement des airs évoquant les eaux calmes du Jourdain et la sainteté majestueuse de Jérusalem. Nous parlions également souvent de la Palestine. Leurs parents non plus n'avaient pas eu le courage de tout liquider et d'émigrer, quand il en était encore temps. Nous décidâmes que, s'il nous était donné de vivre jusqu'à la Libération, nous ne demeurerions pas un jour de plus en Europe. Nous prendrions le premier bateau pour Haïfa.

Perdu encore dans ses rêves kabbalistiques, Akiba Drumer avait découvert un verset de la Bible dont le contenu, traduit en chiffres, lui permettait de prédire la Délivrance pour les semaines à venir.

Nous avions quitté les tentes pour le bloc des musiciens. Nous eûmes droit à une couverture, une cuvette et un morceau de savon. Le chef du bloc était un Juif allemand.

C'était bon d'avoir pour maître un Juif. Il s'appelait Alphonse. Un homme jeune au visage étonnamment vieilli. Il se dévouait entièrement à la cause de « son » bloc. Chaque fois qu'il le pouvait, il organisait une « chaudière » de soupe pour les jeunes, pour les faibles, pour tous ceux qui rêvaient plus d'un plat supplémentaire que de liberté.

Un jour, alors que nous rentrions du dépôt, on m'appela auprès du secrétaire du bloc :

— A-7713 ?

— C'est moi.

— Après manger, tu iras voir le dentiste.

– Mais... je n'ai pas mal aux dents...

– Après manger. Sans faute.

Je me rendis au bloc des malades. Une ving-taine de prisonniers attendaient en file devant la porte. Il ne fallut pas longtemps pour apprendre l'objet de notre convocation : c'était l'extraction des dents en or.

Juif originaire de Tchécoslovaquie, le dentiste avait un visage qui ressemblait à un masque mor-tuaire. Lorsqu'il ouvrait la bouche, c'était une horrible vision de dents jaunes et pourries. Assis dans le fauteuil, je lui demandai humblement :

– Qu'allez-vous faire, monsieur le dentiste ?

– Enlever ta couronne en or, tout simplement, répondit-il d'un ton indifférent.

J'eus l'idée de feindre un malaise :

– Vous ne pourriez pas attendre quelques jours, monsieur le docteur ? Je ne me sens pas bien, j'ai de la fièvre...

Il plissa son front, médita un instant et prit mon pouls.

– Bien, petit. Lorsque tu te sentiras mieux, reviens me voir. Mais n'attends pas que je t'appelle !

Je revins le voir une semaine plus tard. Avec la même excuse : je ne me sentais pas encore remis. Il ne sembla pas manifester d'étonnement, et je ne sais pas s'il me crut. Il était probable-ment content de voir que j'étais revenu de moi-même, comme je le lui avais promis. Il m'accorda encore un sursis.

Quelques jours après ma visite, on fermait le cabinet du dentiste, qui avait été jeté en prison. Il allait être pendu. Il s'était avéré qu'il trafiquait pour son propre compte avec les dents en or des détenus. Je n'éprouvais aucune pitié à son égard. J'étais même très heureux de ce qui lui arrivait : je sauvais ma couronne en or. Elle pouvait me servir, un jour, à acheter quelque chose, du pain, de la vie. Je n'attachais plus d'intérêt qu'à mon assiette de soupe quotidienne, à mon bout de pain rassis. Le pain, la soupe – c'était toute ma vie. J'étais un corps. Peut-être moins encore : un estomac affamé. L'estomac, seul, sentait le temps passer.

Je travaillais souvent au dépôt près d'une jeune française. Nous ne nous parlions pas : elle ne connaissait pas l'allemand et je ne comprenais pas le français.

Elle me semblait être juive, bien qu'elle passât ici pour « aryenne ». C'était une déportée du travail obligatoire.

Un jour qu'Idek se laissait aller à sa fureur, je me trouvai sur son chemin. Il se jeta sur moi comme une bête féroce, me frappant dans la poitrine, sur la tête, me rejetant, me reprenant, donnant des coups de plus en plus violents, jusqu'au moment où je fus en sang. Comme je me mordais les lèvres pour ne pas hurler de douleur, il devait prendre mon silence pour du dédain et il continuait de me frapper de plus belle.

Il se calma tout d'un coup. Comme si rien ne s'était passé, il me renvoya à mon travail. Comme si nous avions participé ensemble à un jeu dont les rôles avaient la même importance.

Je me traînai vers mon coin. J'avais mal partout. Je sentis une main fraîche essuyer mon front ensanglanté. C'était l'ouvrière française. Elle me souriait de son sourire endeuillé et me glissa dans la main un bout de pain. Elle me regardait droit dans les yeux. Je sentais qu'elle aurait voulu me parler et que la peur l'étranglait. De longs instants elle resta ainsi, puis son visage s'éclaira et elle me dit, dans un allemand presque correct :

– Mords-toi les lèvres, petit frère... Ne pleure pas. Garde ta colère et ta haine pour un autre jour, pour plus tard. Un jour viendra mais pas maintenant... Attends. Serre les dents et attends...

Bien des années plus tard, à Paris, je lisais mon journal dans le métro. En face de moi était assise une dame très belle, aux cheveux noirs, aux yeux rêveurs. J'avais déjà vu ces yeux quelque part. C'était elle.

– Vous ne me reconnaissez pas, madame ?

– Je ne vous connais pas, monsieur.

– En 1944, vous étiez en Allemagne, à Buna, n'est-ce pas ?

– Mais oui...

– Vous travailliez dans le dépôt électrique...

– Oui, dit-elle, quelque peu troublée. Et, après un instant de silence : Attendez donc... Je me souviens...

– Idek, le kapo... le petit garçon juif... vos douces paroles...

Nous quittâmes ensemble le métro pour nous asseoir à la terrasse d'un café. Nous passâmes la soirée entière à rappeler nos souvenirs. Avant de la quitter, je lui demandai :

– Puis-je vous poser une question ?

– Je sais bien laquelle, allez.

– Laquelle ?

– Si je suis Juive ?... Oui, je suis Juive. De famille pratiquante. Je m'étais procuré pendant l'occupation de faux-papiers et je me faisais passer pour « aryenne ». C'est ainsi qu'on m'incorpora dans les groupes de travail obligatoire et que, déportée en Allemagne, j'échappai au camp de concentration. Au dépôt, personne ne savait que je parlais l'allemand : cela eût éveillé des soupçons. Ces quelques mots que je vous ai dits, c'était une imprudence ; mais je savais que vous ne me trahiriez pas...

Une autre fois, il nous fallut charger des moteurs Diesel sur des wagons, sous la surveillance de soldats allemands. Idek avait les nerfs en boule. Il se contenait à grand'peine. Soudain, sa fureur éclata. La victime en fut mon père.

— Espèce de vieux fainéant ! se mit-il à hurler. Tu appelles ça travailler ?

Et il se mit à frapper avec une barre de fer. Mon père ploya d'abord sous les coups, puis se brisa en deux comme un arbre desséché frappé par la foudre, et s'écroula.

J'avais assisté à toute cette scène sans bouger. Je me taisais. Je pensais plutôt à m'éloigner pour ne pas recevoir de coups. Bien plus : si j'étais en colère à ce moment, ce n'était pas contre le kapo, mais contre mon père. Je lui en voulais de ne pas avoir su éviter la crise d'Idek. Voilà ce que la vie concentrationnaire avait fait de moi...

Franek, le contremaître, s'aperçut un jour que j'avais une couronne d'or dans la bouche :

— Petit, donne-moi ta couronne.

Je lui répondis que c'était impossible, que sans cette couronne je ne pourrais plus manger.

— Pour ce qu'on te donne à manger, petit !

Je trouvais une autre réponse : on avait inscrit ma couronne sur la liste, lors de la visite médicale ; cela pouvait nous attirer des ennuis à tous les deux.

– Si tu ne me donnes pas ta couronne, cela pourrait te coûter beaucoup plus cher !

Ce garçon sympathique et intelligent n'était soudain plus le même. Ses yeux étincelaient d'envie. Je lui dis qu'il me fallait demander conseil à mon père.

– Demande à ton père, petit. Mais je veux une réponse pour demain.

Lorsque j'en parlai à mon père, il pâlit, resta muet un long moment, puis dit :

– Non, mon fils, nous ne pouvons pas le faire.

– Il se vengera sur nous !

– Il n'osera pas, mon fils.

Hélas, il savait comment s'y prendre ; il connaissait mon point faible. Mon père n'avait jamais fait de service militaire et il n'arrivait pas à marcher au pas. Or, ici, tous les déplacements en groupe devaient se faire au pas cadencé. C'était une occasion pour Franek de le torturer et, chaque jour, de le rouer férocement de coups. Gauche, droite : des coups de poing ! Gauche, droite : des gifles !

Je me décidai à donner moi-même des leçons à mon père, à lui apprendre à changer de pas, à soutenir le rythme. Nous nous mîmes à faire des exercices devant notre bloc. Je commandais :

« Gauche, droite ! » et mon père s'exerçait. Des détenus commençaient à se moquer de nous :

— Regardez le petit officier apprendre à marcher au vieux... Hé, petit général, combien de rations de pain te donne le vieux pour ça ?

Mais les progrès de mon père restaient insuffisants, et les coups continuèrent de pleuvoir sur lui.

— Alors, tu ne sais pas encore marcher au pas, vieux fainéant ?

Ces scènes se répétèrent deux semaines durant. Nous n'en pouvions plus. Il fallut se rendre. Franek éclata, ce jour-là, d'un rire sauvage :

— Je savais, je savais bien, petit, que j'aurais raison de toi. Mieux vaut tard que jamais. Et parce que tu m'as fait attendre cela te coûtera en plus une ration de pain. Une ration de pain pour un de mes copains, un célèbre dentiste de Varsovie. Pour qu'il te retire ta couronne.

— Comment ? Ma ration de pain pour que tu aies *ma* couronne ?

Franek souriait.

— Qu'est-ce que tu voudrais ? Que je te casse les dents d'un coup de poing ?

Le même soir, aux cabinets, le dentiste varsovien m'arrachait ma couronne, à l'aide d'une cuillère rouillée.

Franek redevint plus gentil. De temps à autre

même, il me donnait un supplément de soupe. Mais cela ne dura pas longtemps. Quinze jours plus tard, tous les Polonais étaient transférés dans un autre camp. J'avais perdu ma couronne pour rien.

Quelques jours avant le départ des Polonais, j'avais fait une nouvelle expérience.

C'était un dimanche matin. Notre kommando n'avait pas besoin ce jour-là d'aller au travail. Mais justement Idek ne voulait pas entendre parler de rester au camp. Il fallait que nous allions au dépôt. Ce brusque enthousiasme pour le travail nous laissa stupéfaits. Au dépôt, Idek nous confia à Franek, disant :

– Faites ce que vous voulez. Mais faites quelque chose. Sinon, vous aurez de mes nouvelles...

Et il disparut.

Nous ne savions que faire. Fatigués de rester accroupis, chacun d'entre nous se mit à son tour à se promener à travers le dépôt, à la recherche d'un bout de pain qu'un civil aurait pu oublier là.

Arrivé au fond du bâtiment, j'entendis un bruit venant d'une petite salle voisine. Je m'approchai et vis, sur une paillasse, Idek et une jeune polonaise à moitié nus. Je compris pour-

quoi Idek avait refusé de nous laisser au camp.
Déplacer cent prisonniers pour coucher avec
une fille ! Cela me parut si comique que j'éclatai de rire.

Idek sursauta, se retourna et me vit, tandis
que la fille essayait de couvrir sa poitrine.
J'aurais voulu m'enfuir, mais mes jambes étaient
clouées au plancher. Idek me saisit à la gorge.
D'une voix sourde, il me dit :

— Attends voir, mon petit... Tu vas voir ce
qu'il en coûte d'abandonner son travail... Tu le
paieras tout à l'heure, mon petit... Et maintenant, retourne à ta place...

Une demi-heure avant l'arrêt normal du travail, le Kapo assembla tout le kommando.
Appel. Personne ne comprenait ce qui se passait. Un appel à cette heure ? Ici ? Moi, je savais.
Le Kapo tint un bref discours :

— Un simple détenu n'a pas le droit de se
mêler des affaires d'autrui. L'un de vous semble
ne pas l'avoir compris. je m'efforcerai donc de
le lui faire comprendre, une fois pour toutes,
clairement.

Je sentais la sueur couler dans mon dos.

— A-7713 !

Je m'avançai.

— Une caisse ! demanda-t-il.

On apporta une caisse.

– Couche-toi dessus ! Sur le ventre !

J'obéis.

Puis je ne sentis plus que les coups de fouet.

– Un !... deux !... comptait-il.

Il prenait son temps entre chaque coup. Seuls les premiers me firent vraiment mal. Je l'entendais compter :

– Dix... onze !...

Sa voix était calme et me parvenait comme à travers un mur épais.

– Vingt-trois...

Encore deux, pensai-je, à moitié inconscient. Le Kapo attendait.

– Vingt-quatre... vingt-cinq !

C'était terminé. Mais je ne m'en étais pas rendu compte, j'étais évanoui. Je me sentis revenir à moi sous la douche d'un seau d'eau froide. J'étais toujours étendu sur la caisse. Je ne voyais, vaguement, que la terre mouillée près de moi. Puis j'entendis quelqu'un crier. Ce devait être le Kapo. Je commençais à distinguer ce qu'il hurlait :

– Debout !

Je devais probablement faire des mouvements pour me relever, parce que je me sentais retomber sur la caisse. Comme j'aurais voulu me lever !

– Debout ! hurlait-il de plus belle.

Si au moins je pouvais lui répondre, me disais-

93

je, si je pouvais lui dire que je ne peux pas bouger. Mais je n'arrivais pas à desserrer les lèvres.

Sur l'ordre d'Idek, deux détenus me relevèrent et me conduisirent devant lui.

— Regarde-moi dans les yeux !

Je le regardais sans le voir. Je pensais à mon père. Il devait souffrir plus que moi.

— Ecoute-moi, fils de cochon ! me dit Idek froidement. Voilà pour ta curiosité. Tu en recevras cinq fois autant si tu oses raconter à quelqu'un ce que tu as vu ! Compris ?

Je secouai la tête affirmativement, une fois, dix fois, je la secouai sans fin. Comme si ma tête avait décidé de dire oui, sans s'arrêter jamais.

Un dimanche, comme la moitié d'entre nous — dont mon père — était au travail, les autres — dont j'étais — profitaient au bloc de la grasse matinée.

Vers dix heures, les sirènes d'alarme se mirent à hurler. Alerte. Les chefs des blocs en courant nous rassemblèrent à l'intérieur des blocs, tandis que les S.S. se réfugiaient dans les abris. Comme il était relativement facile de s'évader pendant l'alerte — les gardiens abandonnaient leurs tourelles et le courant électrique était coupé dans les barbelés — ordre était donné aux

S.S. d'abattre quiconque se trouverait en dehors de son bloc.

En quelques instants, le camp ressembla à un navire évacué. Pas âme qui vive dans les allées. Près de la cuisine, deux chaudrons de soupe chaude et fumante avaient été abandonnés, à moitié pleins. Deux chaudrons de soupe ! En plein milieu de l'allée, deux chaudrons de soupe, sans personne pour les garder ! Festin royal perdu, suprême tentation ! Des centaines d'yeux les contemplaient, étincelants de désir. Deux agneaux guettés par des centaines de loups. Deux agneaux sans berger, offerts. Mais qui oserait ?

La terreur était plus forte que la faim. Soudain, nous vîmes s'ouvrir imperceptiblement la porte du bloc 37. Un homme apparut, rampant comme un ver dans la direction des chaudrons.

Des centaines d'yeux suivaient ses mouvements. Des centaines d'hommes rampaient avec lui, s'écorchaient avec lui sur les cailloux. Tous les cœurs tremblaient, mais surtout d'envie. Il avait osé, lui.

Il toucha le premier chaudron, les cœurs battaient plus fort : il avait réussi. La jalousie nous dévorait, nous consumait comme de la paille. Nous ne pensions pas un instant à l'admirer. Pauvre héros qui allait au suicide pour une ration de soupe, nous l'assassinions en pensée.

Etendu près du chaudron, il tentait pendant ce temps de se soulever jusqu'au bord. Soit faiblesse, soit crainte, il restait là, rassemblant sans doute ses dernières forces. Enfin il réussit à se hisser sur le bord du récipient. Un instant, il sembla se regarder dans la soupe, cherchant son reflet de fantôme. Puis, sans raison apparente, il poussa un hurlement terrible, un râle que je n'avais jamais entendu et, la bouche ouverte, il jeta sa tête vers le liquide encore fumant. Nous sursautâmes à la détonation. Retombé à terre, le visage maculé de soupe, l'homme se tordit quelques secondes au pied du chaudron, puis ne bougea plus.

Nous commençâmes alors d'entendre les avions. Presque aussitôt, les baraques se mirent à trembler.

– On bombarde Buna ! cria quelqu'un.

Je pensai à mon père. Mais j'étais quand même heureux. Voir l'usine se consumer dans l'incendie, quelle vengeance ! On avait bien entendu parler des défaites des troupes allemandes sur les divers fronts, mais on ne savait trop s'il fallait y croire. Aujourd'hui, c'était du concret !

Aucun de nous n'avait peur. Et pourtant, si une bombe était tombée sur les blocs, elle aurait fait des centaines de victimes d'un seul coup. Mais on ne craignait plus la mort, en tout cas, pas cette mort-là. Chaque bombe qui éclatait nous remplissait de joie, nous redonnait confiance en la vie.

Le bombardement dura plus d'une heure. S'il avait pu durer dix fois dix heures... Puis le silence se rétablit. Le dernier bruit d'avion américain disparu avec le vent, nous nous retrouvions dans notre cimetière. A l'horizon s'élevait une large traînée de fumée noire. Les sirènes se remirent à hurler. C'était la fin de l'alerte.

Tout le monde sortit des blocs. On respirait à pleins poumons l'air tout empli de feu et de fumée, et les yeux étaient illuminés d'espoir. Une bombe était tombée au milieu du camp, près de la place d'appel, mais elle n'avait pas explosé. Nous dûmes la transporter en dehors du camp.

Le chef du camp, accompagné de son adjoint et du Kapo en chef, faisait une tournée d'inspection à travers les allées. Le raid avait laissé sur son visage les traces d'une grande peur.

En plein milieu du camp, seule victime, gisait le corps de l'homme au visage souillé de soupe. Les chaudrons furent ramenés dans la cuisine.

Les S.S. avaient regagné leur poste sur les tourelles, derrière leurs mitrailleuses. L'entr'acte était terminé.

Au bout d'une heure, on vit revenir les kommandos, au pas, comme d'habitude. J'aperçus avec joie mon père.

– Plusieurs bâtiments ont été rasés, me dit-il, mais le dépôt n'a pas souffert...

Dans l'après-midi, nous allâmes, avec entrain, déblayer les ruines.

Une semaine plus tard, en rentrant du travail, nous aperçûmes au milieu du camp, sur la place de l'appel, une potence noire.

Nous apprîmes que la soupe serait distribuée seulement après l'appel. Celui-ci dura plus longtemps que d'ordinaire. Les ordres étaient donnés d'une manière plus sèche que les autres jours et l'air avait d'étranges résonances.

– Découvrez-vous ! hurla soudain le chef du camp.

Dix mille calots furent enlevés en même temps.

– Couvrez-vous !

Dix mille calots rejoignirent les crânes, avec la rapidité de l'éclair.

La porte du camp s'ouvrit. Une section de S.S. apparut et nous entoura : un S.S. tous les trois pas. Des tourelles, les mitrailleuses étaient pointées vers la place d'appel.

– Ils craignent des troubles, murmura Juliek.

Deux S.S. s'étaient dirigés vers le cachot. Ils revinrent, encadrant le condamné. C'était un jeune, de Varsovie. Il avait trois années de camp de concentration derrière lui. C'était un garçon fort et bien bâti, un géant comparé à moi.

Le dos à la potence, le visage tourné vers son juge, le chef du camp, il était pâle, mais semblait plus ému qu'effrayé. Ses mains enchaînées ne tremblaient point. Ses yeux contemplaient froidement les centaines de gardiens S.S., les milliers de prisonniers qui l'entouraient.

Le chef de camp se mit à lire le verdict, martelant chaque phrase :

– Au nom de Himmler... le détenu n°... a dérobé pendant l'alerte... D'après la loi... paragraphe... le détenu n°... est condamné à la peine de mort. Que ce soit un avertissement et un exemple pour tous les détenus.

Personne ne bougea.

J'entendis battre mon cœur. Les milliers de gens qui mouraient quotidiennement à Auschwitz et à Birkenau, dans les fours crématoires, avaient cessé de me troubler. Mais celui-ci, appuyé à sa potence de mort, celui-ci me bouleversait.

– Ça va bientôt finir, cette cérémonie ? J'ai faim... chuchotait Juliek.

Sur un signe du chef de camp, le *Lagerkapo* s'approcha du condamné. Deux prisonniers l'aidaient dans sa tâche. Pour deux assiettes de soupe.

Le Kapo voulut bander les yeux du condamné, mais celui-ci refusa.

Après un long moment d'attente, le bourreau lui mit la corde autour du cou. Il allait faire signe à ses aides de retirer la chaise de dessous les pieds du condamné, lorsque celui-ci s'écria, d'une voix forte et calme :

— Vive la liberté ! Je maudis l'Allemagne ! Je maudis ! Je mau...

Les bourreaux avaient achevé leur travail.

Tranchant comme une épée, un ordre traversa l'air :

— Découvrez-vous !

Dix mille détenus rendirent les honneurs.

— Couvrez-vous !

Puis le camp tout entier, bloc après bloc, dut défiler devant le pendu et fixer les yeux éteints du mort, sa langue pendante. Les kapos et les chefs du bloc obligeaient chacun à regarder ce visage bien en face.

Après le défilé, on nous donna la permission de regagner les blocs pour prendre le repas.

Je me souviens que j'ai trouvé ce soir-là la soupe excellente...

J'ai vu d'autres pendaisons. Je n'ai jamais vu un seul de ces condamnés pleurer. Il y avait longtemps que ces corps desséchés avaient oublié la saveur amère des larmes.

Sauf une fois. L'*Oberkapo* du 52e kommando des câbles était un Hollandais : un géant, dépassant deux mètres. Sept cents détenus travaillaient sous ses ordres et tous l'aimaient comme un frère. Jamais personne n'avait reçu une gifle de sa main, une injure de sa bouche.

Il avait à son service un jeune enfant, un *pipel* comme on les appelait. Un enfant au visage fin et beau, incroyable dans ce camp.

(A Buna, on haïssait les *pipel* : ils se montraient souvent plus cruels que les adultes. J'ai vu un jour l'un d'eux âgé de treize ans, battre son père parce que celui-ci n'avait pas bien fait son lit. Comme le vieux pleurait doucement, l'autre hurlait : « Si tu ne cesses pas de pleurer tout de suite, je ne t'apporterai plus de pain. Compris ? » Mais le petit serviteur du Hollandais était adoré de tous. Il avait le visage d'un ange malheureux).

Un jour, la centrale électrique de Buna sauta. Appelée sur les lieux, la Gestapo conclut à un sabotage. On découvrit une piste. Elle aboutissait au bloc de l'*Oberkapo* hollandais. Et là, on découvrit, après une fouille, une quantité importante d'armes !

L'*Oberkapo* fut arrêté sur-le-champ. Il fut torturé des semaines durant, mais en vain. Il ne livra aucun nom. Il fut transféré à Auschwitz. On n'en entendi plus parler.

Mais son petit *pipel* était resté au camp, au cachot. Mis également à la torture, il resta, lui aussi, muet. Les S.S. le condamnèrent alors à mort, ainsi que deux autres détenus chez lesquels on avait découvert des armes.

Un jour que nous revenions du travail, nous vîmes trois potences dressées sur la place d'appel, trois corbeaux noirs. Appel. Les S.S. autour de nous, les mitrailleuses braquées : la cérémonie traditionnelle. Trois condamnés enchaînés – et parmi eux, le petit *pipel,* l'ange aux yeux tristes.

Les S.S. paraissaient plus préoccupés, plus inquiets que de coutume. Pendre un gosse devant des milliers de spectateurs n'était pas une petite affaire. Le chef du camp lut le verdict. Tous les yeux étaient fixés sur l'enfant. Il était livide, presque calme, se mordant les lèvres. L'ombre de la potence le recouvrait.

Le *Lagerkapo* refusa cette fois de servir de bourreau. Trois S.S. le remplacèrent.

Les trois condamnés montèrent ensemble sur leurs chaises. Les trois cous furent introduits en même temps dans les nœuds coulants.

– Vive la liberté ! crièrent les deux adultes.

Le petit, lui, se taisait.

– Où est le Bon Dieu, où est-il ? demanda quelqu'un derrière moi.

Sur un signe du chef de camp, les trois chaises basculèrent.

Silence absolu dans tout le camp. A l'horizon, le soleil se couchait.

– Découvrez-vous ! hurla le chef du camp. Sa voix était rauque. Quant à nous, nous pleurions.

– Couvrez-vous !

Puis commença le défilé. Les deux adultes ne vivaient plus. Leur langue pendait, grossie, bleutée. Mais la troisième corde n'était pas immobile : si léger, l'enfant vivait encore...

Plus d'une demi-heure il resta ainsi, à lutter entre la vie et la mort, agonisant sous nos yeux. Et nous devions le regarder bien en face. Il était encore vivant lorsque je passai devant lui. Sa langue était encore rouge, ses yeux pas encore éteints.

Derrière moi, j'entendis le même homme demander :

– Où donc est Dieu ?

Et je sentais en moi une voix qui lui répondait :

– Où il est ? Le voici – il est pendu ici, à cette potence...

Ce soir-là, la soupe avait un goût de cadavre.

CHAPITRE V

L'été touchait à sa fin. L'anné juive se terminait.

La veille de Roch-Hachanah, dernier jour de cette année maudite, tout le camp était électrisé par la tension qui régnait dans les cœurs. C'était malgré tout un jour différent des autres. Le dernier jour de l'année. Le mot « dernier » rendait un son très étrange. Si c'était vraiment le dernier jour ?

On nous distribua le repas du soir, une soupe bien épaisse, mais personne n'y toucha. On voulait attendre jusqu'après la prière. Sur la place d'appel, entourés de barbelés électrifiés, des milliers de Juifs silencieux se sont rassemblés, le visage décomposé.

La nuit gagnait. De tous les blocs, d'autres prisonniers continuaient d'affluer, capables soudain de vaincre le temps et l'espace, de les soumettre à leur volonté. « Qu'es-Tu, mon Dieu, pensais-je avec colère, comparé à cette masse endolorie qui vient Te crier sa foi, sa colère, sa révolte ? Que signifie Ta grandeur, maître de l'Univers, en face de toute cette faiblesse, en face de cette décomposition et de cette pourriture ? Pourquoi encore troubler leurs esprits malades, leurs corps infirmes ? »

Dix mille hommes étaient venus assister à l'office solennel, chefs de blocs, Kapos, fonctionnaires de la mort.

– Bénissez l'Eternel...

La voix de l'officiant venait de se faire entendre. Je crus d'abord que c'était le vent.

– Béni soit le nom de l'Eternel !

Des milliers de bouches répétaient la bénédiction, se prosternaient comme des arbres dans la tempête.

Béni soit le nom de l'Eternel !

Pourquoi, mais pourquoi Le bénirais-je ? Toutes mes fibres se révoltaient. Parce qu'Il avait fait brûler des milliers d'enfants dans ses fosses ? Parce qu'Il faisait fonctionner six crématoires jour et nuit les jours de Sabbat et les jours de fête ? Parce que dans Sa grande puissance Il avait créé Auschwitz, Birkenau, Buna et tant d'usines de la mort ? Comment Lui dirais-je : « Béni sois-Tu, l'Eternel, Maître de l'Univers, qui nous a élus parmi les peuples pour être torturés jour et nuit, pour voir nos père, nos mères, nos frères finir au crématoire ? Loué soit Ton Saint Nom, Toi qui nous as choisis pour être égorgés sur Ton autel ? »

J'entendais la voix de l'officiant s'élever, puissante et brisée à la fois, au milieu des larmes, des sanglots, des soupirs de toute l'assistance :

— Toute la terre et l'univers sont à Dieu !

Il s'arrêtait à chaque instant, comme s'il n'avait pas la force de retrouver sous les mots leur contenu. La mélodie s'étranglait dans sa gorge.

Et moi, le mystique de jadis, je pensais : « Oui, l'homme est plus fort, plus grand que Dieu. Lorsque Tu fus déçu par Adam et Eve, Tu les chassas du paradis. Lorsque la génération de Noé Te déplut, Tu fis venir le Déluge. Lorsque Sodome ne trouva plus grâce à Tes yeux, Tu fis pleuvoir du ciel le feu et le soufre. Mais ces hommes-ci que Tu as trompés, que Tu as laissé torturer, égorger, gazer, calciner, que font-ils ? Ils prient devant Toi ! Ils louent Ton nom ! »

— Toute la création témoigne de la Grandeur de Dieu !

Autrefois, le jour du Nouvel An dominait ma vie. Je savais que mes péchés attristaient l'Eternel, j'implorais Son pardon. Autrefois, je croyais profondément que d'un seul de mes gestes, que d'une seule de mes prières dépendait le salut du monde.

Aujourd'hui, je n'implorais plus. Je n'étais plus capable de gémir. Je me sentais, au contraire, très fort. J'étais l'accusateur. Et l'accusé : Dieu. Mes yeux s'étaient ouverts et j'étais seul, terriblement seul dans le monde, sans Dieu, sans hommes. Sans amour ni pitié. Je n'étais plus rien que cendres, mais je me sentais plus fort que ce Tout-Puissant auquel on avait lié ma vie si longtemps. Au milieu de cette assemblée de prière, j'étais comme un observateur étranger.

L'office s'acheva par le Kaddich. Chacun disait Kaddich sur ses parents, sur ses enfants, sur ses frères et sur soi-même.

Un long moment nous restâmes sur la place d'appel. Personne n'osait s'arracher à ce mirage. Puis l'heure du coucher arriva, et les détenus regagnèrent à petits pas leurs blocs. J'entendis qu'on se souhaitait une bonne année !

Je partis en courant à la recherche de mon père. Et j'avais peur en même temps de devoir lui souhaiter une heureuse année à laquelle je ne croyais plus.

Il était debout près du bloc, appuyé contre le mur, courbé, les épaules affaissées comme sous une lourde charge. Je m'en approchai, lui pris une main et la baisai. Une larme y tomba. De qui, cette larme ? La mienne ? La sienne ? Je ne dis rien. Lui non plus. Nous ne nous étions jamais compris aussi clairement.

Le son de la cloche nous rejeta dans la réalité. Il fallait aller se coucher. Nous revenions de très loin. Je levai mes yeux pour voir le visage de mon père, courbé au-dessus de moi, pour essayer de surprendre un sourire, ou quelque chose qui lui ressemblât sur sa figure desséchée et vieillie. Mais rien. Pas l'ombre d'une expression. Vaincu.

Yom Kippour. Le jour du Grand Pardon.

Fallait-il jeûner ? La question était âprement débattue. Jeûner pouvait signifier une mort plus certaine, plus rapide. On jeûnait ici toute l'année. Toute l'année, c'était Yom Kippour. Mais d'autres disaient qu'il fallait jeûner, justement parce que c'était un danger de le faire. Il fallait montrer à Dieu que même ici, dans cet enfer clos, on était capable de chanter Ses louanges.

Je ne jeûnai pas. D'abord pour faire plaisir à mon père, qui m'avait défendu de le faire. Puis, il n'y avait plus aucune raison que je jeûne. Je n'acceptais plus le silence de Dieu. Avalant ma gamelle de soupe, je voyais dans ce geste un acte de révolte et de protestation contre Lui.

Et je grignotais mon bout de pain.

Au fond de mon cœur, je sentais qu'il s'était fait un grand vide.

Les S.S. nous offrirent un beau cadeau pour la nouvelle année.

Nous rentrions du travail. Une fois franchie la porte du camp, nous sentîmes quelque chose d'inhabituel dans l'air. L'appel dura moins que de coutume. La soupe du soir fut distribuée à toute vitesse, avalée aussitôt, dans l'angoisse.

Je ne me trouvais plus dans le même bloc que mon père. On m'avait transféré à un autre kommando, celui du bâtiment, où je devais, douze heures par jour, traîner de lourds blocs de pierre. Le chef de mon nouveau bloc était un Juif allemand, petit de taille, au regard aigu. Il nous annonça, ce soir-là, que personne n'avait le droit de quitter le bloc après la soupe du soir. Et un mot terrible circula bientôt : la sélection.

Nous savions ce que cela voulait dire. Un S.S. allait nous examiner. Lorsqu'il trouverait un faible, un « musulman », comme nous disions, il inscrirait son numéro : bon pour le crématoire.

Après la soupe, on se réunit entre les lits. Les vétérans disaient :

— Vous avez de la chance d'avoir été amenés ici si tard. C'est un paradis, aujourd'hui, comparé à ce que le camp était il y a deux ans. Buna était alors un vrai enfer. Il n'y avait pas d'eau, pas de couvertures, moins de soupe et de pain. La nuit, on dormait presque nus, et il faisait moins trente. On ramassait les cadavres par centaines tous les jours. Le travail était très dur. Aujourd'hui, c'est un petit paradis. Les Kapos avaient reçu l'ordre de tuer chaque jour un certain nombre de prisonniers. Et chaque semaine, la sélection. Une sélection impitoyable... Oui, vous avez de la chance.

– Assez ! Taisez-vous ! implorai-je. Vous raconterez vos histoires demain, ou un autre jour.

Ils éclataient de rire. Ils n'étaient pas des vétérans pour rien.

– Tu as peur ? Nous aussi, nous avions peur. Et il y avait de quoi – autrefois.

Les vieillards demeuraient dans leur coin, muets, immobiles, traqués. Certains priaient.

Une heure de délai. Dans une heure, nous allions connaître le verdict : la mort, ou le sursis.

Et mon père ? Je m'en souvenais seulement maintenant. Comment passerait-il la sélection ? Il avait tellement vieilli...

Notre chef de bloc n'était pas sorti des camps de concentration depuis 1933. Il avait déjà passé par tous les abattoirs, par toutes les usines de la mort. Vers neuf heures, il se planta au milieu de nous :

– *Achtung !*

Le silence se fit aussitôt.

– Ecoutez bien ce que je vais vous dire. (Pour la première fois, je sentais sa voix trembler). Dans quelques instants commencera la sélection. Vous devrez vous déshabiller entièrement. Puis passer l'un après l'autre devant les médecins S.S. J'espère que vous réussirez tous à passer à travers. Mais vous devez vous-même augmenter vos chances. Avant d'entrer dans la pièce d'à côté, faites quelques mouvements de façon à vous donner un peu de couleur. Ne marchez pas longtemps, courez ! Courez comme si le diable était à vos trousses ! Ne regardez pas les S.S. Courez, droit devant vous !

Il s'interrompit un instant, puis ajouta :

– Et, l'essentiel, n'ayez pas peur !

Voilà un conseil que nous aurions bien aimé pouvoir suivre.

Je me déshabillai, laissant mes vêtements sur le lit. Ce soir, il n'y avait aucun danger qu'on les dérobât.

Tibi et Yossi, qui avaient changé de kommando en même temps que moi, vinrent me dire :

– Restons ensemble. On sera plus forts.

Yossi murmurait quelque chose entre ses dents. Il devait prier. Je n'avais jamais su que Yossi était croyant. J'avais même toujours cru le contraire. Tibi, lui, se taisait, très pâle. Tous les détenus du bloc se tenaient nus entre les lits. C'est ainsi qu'on doit se tenir au Jugement dernier.

– Ils arrivent !...

Trois officiers S.S. entouraient le fameux docteur Mengele, celui qui nous avait reçu à Birkenau. Le chef de bloc, essayant de sourire, nous interrogea :

– Prêts ?

Oui, nous étions prêts. Les médecins S.S. aussi. Le docteur Mengele tenait une liste à la main : nos numéros. Il fit signe au chef de bloc : « On peut commencer ! » Comme s'il s'agissait d'un jeu.

Les premiers à passer furent les « personnalités » du bloc, *Stubenelteste,* Kapos, contremaîtres, tous en parfaite condition physique, naturellement ! Puis ce fut le tour des simples détenus. Le docteur Mengele les toisait des pieds à la tête. De temps à autre, il notait un numéro. Une seule pensée m'emplissait : ne pas laisser prendre mon numéro, ne pas laisser voir mon bras gauche.

Il n'y avait plus, devant moi, que Tibi et Yossi. Ils passèrent. J'eus le temps de me rendre compte que Mengele n'avait pas inscrit leur numéro. Quelqu'un me poussait. C'était mon tour. Je courus sans regarder en arrière. La tête me tournait : tu es trop maigre, tu es faible, tu es trop maigre, tu es bon pour la cheminée... La course me semblait interminable, je croyais courir depuis des années... Tu es trop maigre, tu es trop faible... Enfin j'étais arrivé, à bout de forces. Mon souffle repris, j'interrogeai Yossi et Tobi :

– On m'a inscrit ?

– Non, dit Yossi. Il ajouta en souriant : De toute façon, il n'aurait pas pu, tu courais trop vite...

Je me mis à rire. J'étais heureux. J'aurais voulu les embrasser. En cet instant, peu importaient les autres ! On ne m'avait pas inscrit.

Ceux dont le numéro avait été noté se tenaient à l'écart, abandonnés du monde entier. Quelques uns pleuraient en silence.

Les officiers S.S. s'en allèrent. Le chef de bloc apparut, son visage reflétant notre lassitude à tous :

– Tout s'est bien passé. Ne vous inquiétez pas. Il n'arrivera rien à personne. A personne...

Il essayait encore de sourire. Un pauvre Juif amaigri, desséché, l'interrogea avidement, d'une voix tremblante :

– Mais... mais, *blockelteste,* on m'a pourtant inscrit !

Le chef de bloc laissa éclater sa colère : comment, on refusait de le croire !

– Qu'est-ce que c'est encore ? Je mens, peut-être ? Je vous le dis une fois pour toutes : il ne vous arrivera rien ! A personne ! Vous vous complaisez dans le désespoir, imbéciles que vous êtes !

La cloche sonna, nous indiquant que la sélection était achevée dans tout le camp.

De toutes mes forces, je me mis à courir vers le bloc 36 ; je rencontrai mon père en chemin. Il venait à moi :

– Alors ? Tu as passé ?

– Oui. Et toi ?

– Aussi.

Comme on respirait, maintenant ! Mon père avait pour moi un cadeau : une demi-ration de pain obtenue en échange d'un morceau de caoutchouc, trouvé au dépôt, qui pouvait servir à confectionner une semelle.

La cloche. Il fallait déjà nous séparer, aller se coucher. Tout était réglé sur une cloche. Elle me donnait des ordres et je les exécutais automatiquement. Je la haïssais. Lorsqu'il m'arrivait de rêver à un monde meilleur, j'imaginais seulement un univers sans cloche.

Quelques jours passèrent. Nous ne pensions plus à la sélection. Nous allions au travail comme d'habitude et chargions de lourdes pierres dans les wagons. Les rations s'étaient faites plus maigres : c'était le seul changement.

Nous nous étions levés avant l'aube comme tous les jours. Nous avions reçu le café noir, la ration de pain. Nous allions nous rendre au chantier comme d'habitude. Le chef du bloc arriva en courant :

– Un peu de calme un instant. J'ai ici une liste de numéros. Je vais vous les lire. Tous ceux que j'appellerai n'iront pas ce matin au travail : ils resteront au camp.

Et, d'une voix molle, il lut une dizaine de nombres. Nous avions compris : c'étaient ceux de la sélection. Le docteur Mengele n'avait pas oublié.

Le chef du bloc se dirigea vers sa chambre. Une dizaine de prisonniers l'entourèrent, s'accrochant à ses vêtements :

– Sauvez-nous ! Vous nous aviez promis... Nous voulons aller au chantier, nous avons assez de force pour travailler. Nous sommes de bons ouvriers. Nous pouvons... nous voulons...

Il tenta de les calmer, de les rassurer sur leur sort, de leur expliquer que le fait qu'ils restaient au camp ne voulait pas dire grand'chose, n'avait pas une signification tragique :

– J'y reste bien tous les jours...

C'était un argument un peu faible. Il s'en aperçut, n'ajouta plus un mot et s'enferma dans sa chambre.

La cloche venait de sonner.

– En rangs !

Peu importait maintenant que le travail fût dur. L'essentiel était de se trouver loin du bloc, loin du creuset de la mort, loin du centre de l'enfer.

J'aperçus mon père courant dans ma direction. J'eus peur tout à coup.

– Que se passe-t-il ?

Essoufflé, il n'arrivait pas à desserrer ses lèvres.

– Moi aussi... moi aussi... Ils m'ont dit de rester au camp.

Ils avaient inscrit son numéro sans qu'il s'en aperçût.

– Que va-t-on faire ? dis-je angoissé.

Mais c'est lui qui voulait me rassurer :

– Ce n'est pas encore certain. Il y a encore des chances d'y échapper. Ils vont faire aujourd'hui une seconde sélection... une sélection décisive...

Je me taisais.

Il sentait le temps lui manquer. Il parlait vite : il aurait voulu me dire tant de choses. Il s'embrouillait dans ses mots, sa voix s'étranglait.

Il savait qu'il me faudrait partir dans quelques instants. Il allait rester seul, si seul...

– Tiens, prends ce couteau, me dit-il, je n'en ai plus besoin. Il pourra te servir, à toi. Et prends aussi cette cuiller. Ne les vends pas. Vite ! Allons, prends ce que je te donne !

L'héritage...

– Ne parle pas comme ça, père. (Je me sentais sur le point d'éclater en sanglots). Je ne veux pas que tu dises ça. Garde la cuiller et le couteau. Tu en as besoin autant que moi. Nous nous reverrons ce soir, après le travail.

Il me fixa de ses yeux fatigués et voilés par le désespoir. Il reprit :

– Je te le demande... Prends-les, fais ce que je te demande, mon fils. Nous n'avons pas le temps... Fais ce que te dit ton père.

Notre Kapo hurla l'ordre de se mettre en marche.

Le kommando se dirigea vers la porte du camp. Gauche, droite ! Je mordais mes lèvres. Mon père était resté près du bloc, appuyé contre le mur. Puis il se mit à courir, pour nous rattraper. Peut-être avait-il oublié de me dire quelque chose... Mais nous marchions trop vite... Gauche, droite !

Nous étions déjà à la porte. On nous comptait, dans un vacarme de musique militaire. Nous étions dehors.

Toute la journée, je déambulai comme un somnambule. Tibi et Yossi me jetaient de temps à autre un mot fraternel. Le Kapo, lui aussi, essayait de me rassurer. Il m'avait donné un travail plus facile aujourd'hui. J'avais mal au cœur. Comme ils me traitaient bien ! Comme un orphelin. Je pensais : même maintenant, mon père m'aide encore.

Je ne savais pas moi-même ce que je voulais, que le jour passât vite ou non. J'avais peur de me trouver seul le soir. Qu'il eût été bon de mourir ici !

Nous prîmes enfin le chemin du retour. Comme j'aurais voulu alors qu'on nous ordonnât de courir !

La marche militaire. La porte. Le camp.

Je courus vers le bloc 36.

Y avait-il encore des miracles sur la terre ? Il vivait. Il avait échappé à la seconde sélection. Il avait pu encore prouver son utilité... Je lui rendis le couteau et la cuiller.

Akiba Drumer nous a quittés, victime de la sélection. Il déambulait ces derniers temps perdu parmi nous, les yeux vitreux, contant à chacun sa faiblesse : « Je n'en peux plus... C'est fini... » Impossible de remonter son moral. Il n'écoutait pas ce qu'on lui disait. Il ne faisait que répéter que tout était fini pour lui, qu'il ne pouvait plus soutenir le combat, qu'il n'avait plus la force, ni la foi. Ses yeux se vidaient d'un seul coup, n'étaient plus que deux plaies ouvertes, deux puits de terreur.

Il n'était pas le seul à avoir perdu sa foi, en ces jours de sélection. J'ai connu un rabbin d'une petite ville de Pologne, un vieillard, courbé, les lèvres toujours tremblantes. Il priait tout le temps, dans le bloc, au chantier, dans les rangs. Il récitait de mémoire des pages entières du Talmud, discutait avec lui-même, posait les questions et se répondait. Et un jour, il me dit :

– C'est fini. Dieu n'est plus avec nous.

Et, comme s'il s'était repenti d'avoir prononcé ces mots, aussi froidement, aussi sèchement, il ajouta de sa voix éteinte :

– Je sais. On n'a pas le droit de dire de telles choses. Je le sais bien. L'homme est trop petit, trop misérablement infime pour chercher à comprendre les voies mystérieuses de Dieu. Mais, que puis-je faire, moi ? Je ne suis pas un Sage, un Juste, je ne suis pas un Saint. Je suis une simple créature de chair et d'os. Je souffre l'enfer dans mon âme et dans ma chair. J'ai des yeux aussi, et je vois ce qu'on fait ici. Où est la Miséricorde divine ? Où est Dieu ? Comment puis-je croire, comment peut-on croire à ce Dieu de miséricorde ?

Pauvre Akiba Drumer, s'il avait pu continuer à croire en Dieu, à voir dans ce calvaire une épreuve de Dieu, il n'eût pas été emporté par la sélection. Mais dès qu'il avait senti les premières fissures dans sa foi, il avait perdu ses raisons de lutter et avait commencé à agoniser.

Lorsqu'arriva la sélection, il était condamné d'avance, tendant son cou au bourreau. Il nous demanda seulement :

– Dans trois jours, je ne serai plus... Dites Kaddich pour moi.

Nous le lui promîmes : dans trois jours, voyant s'élever la fumée de la cheminée, nous penserions à lui. Nous rassemblerions dix hommes et nous ferions un office spécial. Tous ses amis diraient Kaddich.

Alors, il s'en fut, dans la direction de l'hôpital, d'un pas presque sûr, sans regarder en arrière. Une ambulance l'attendait pour le conduire à Birkenau.

C'étaient alors des jours terribles. Nous recevions plus de coups que de nourriture, nous étions écrasés par le travail. Et trois jours après son départ, nous oubliâmes de dire le Kaddich.

L'hiver était là. Les jours se firent courts et les nuits devinrent presque insupportables. Aux premières heures de l'aube, le vent glacé nous lacérait comme un fouet. On nous donna les vêtements d'hiver : des chemises rayées un peu plus épaisses. Les vétérans trouvèrent là une nouvelle occasion de ricaner :

– Maintenant, vous allez sentir vraiment le goût du camp !

Nous partions au travail comme d'habitude, le corps glacé. Les pierres étaient si froides qu'il semblait à les toucher que nos mains y resteraient collées. Mais on s'habitue à tout.

A Noël et le jour de l'An, on ne travailla pas. Nous eûmes droit à une soupe moins claire.

Vers le milieu de janvier, mon pied droit se mit à enfler, à cause du froid. Je ne pouvais plus le poser à terre. J'allai à la visite. Le médecin, un grand médecin juif, un détenu comme nous, fut catégorique : – Il faut l'opérer ! Si nous attendons, il faudra amputer les doigts de pied et peut-être la jambe.

Il ne me manquait plus que cela ! Mais je n'avais pas le choix. Le médecin avait décidé l'opération, il n'y avait pas à discuter. J'étais même content que ce fût lui qui prît la décision.

On me mit dans un lit, avec des draps blancs. J'avais oublié que les gens dormaient dans des draps.

Ce n'était pas mal du tout, l'hôpital : on avait

droit à du bon pain, à de la soupe plus épaisse. Plus de cloche, plus d'appel, plus de travail. De temps en temps, je pouvais faire parvenir un bout de pain à mon père.

Près de moi était couché un Juif hongrois atteint de dysenterie. La peau et les os, des yeux éteints. Je n'entendais que sa voix ; c'était la seule manifestation de sa vie. D'où prenait-il la force de parler ?

– Il ne faut pas te réjouir trop tôt, mon petit. Ici aussi, il y a la sélection. Plus souvent même que dehors. L'Allemagne n'a pas besoin des juifs malades. L'Allemagne n'a pas besoin de moi. Au prochain transport, tu auras un nouveau voisin. Ecoute-moi donc, suis mon conseil : quitte l'hôpital avant la sélection !

Ces paroles qui sortaient de dessous terre, d'une forme sans visage, m'emplirent de terreur. Certes oui, l'hôpital était bien exigu, et si de nouveaux malades arrivaient ces jours-ci, il faudrait faire de la place.

Mais peut-être mon voisin sans visage, craignant d'être parmi les premières victimes, voulait-il simplement me chasser, libérer mon lit pour se donner une chance de survivre. Peut-être ne voulait-il que m'effrayer. Pourtant, s'il disait vrai ? Je décidai d'attendre les événements.

Le médecin vint m'annoncer qu'on m'opére-
rait le lendemain.

– N'aie pas peur, ajoute-t-il, tout se passera
bien.

A dix heures du matin, on m'amena dans la
chambre d'opération. « Mon » docteur était présent. J'en fus réconforté. Je sentais qu'en sa présence rien de grave ne pourrait m'arriver.
Chacun de ses mots était un baume et chacun
de ses regards m'arrivait comme un signe
d'espoir.

– Ça te fera un peu mal, me dit-il, mais ça
passera. Serre les dents.

L'opération dura une heure. On ne m'avait
pas endormi. Je ne quittais pas mon médecin du
regard. Puis je me sentis sombrer...

Lorsque je revins à moi, ouvrant les yeux, je
ne vis d'abord qu'une immense blancheur, mes
draps, puis j'aperçus le visage de mon médecin
au-dessus de moi :

– Tout s'est bien passé. Tu es courageux,
petit. Maintenant tu vas rester ici deux semaines,
te reposer convenablement, et tout sera fini. Tu
mangeras bien, tu détendras ton corps et tes
nerfs...

Je ne faisais que suivre les mouvements de ses
lèvres. Je comprenais à peine ce qu'il me disait,
mais le bourdonnement de sa voix me faisait du
bien. Soudain une sueur froide me couvrit le

front : je ne sentais plus ma jambe ! M'avaient-
ils amputé ?

— Docteur, balbutiai-je, docteur ?

— Qu'y a-t-il petit ?

Je n'avais pas le courage de lui poser la question.

— Docteur, j'ai soif...

Il me fit apporter de l'eau. Il souriait. Il se
préparait à sortir, voir d'autres malades.

— Docteur ?

— Quoi ?

— Pourrai-je encore me servir de ma jambe ?

Il cessa de sourire. J'eus très peur. Il me dit :

— Petit, tu as confiance en moi ?

— Très confiance, docteur.

— Eh bien, écoute-moi : dans quinze jours tu
seras complètement rétabli. Tu pourras marcher
comme les autres. La plante de ton pied était
pleine de pus. Il fallait seulement crever cette
poche. On ne t'a pas amputé. Tu verras, dans
quinze jours, tu te promèneras comme n'importe
qui.

Je n'avais plus qu'à attendre quinze jours.

Mais, dès le lendemain de mon opération, le
bruit courut dans le camp que le front s'était
soudain rapproché. L'Armée Rouge fonçait,
disait-on, sur Buna : ce n'était plus qu'une question d'heures.

Nous étions déjà accoutumés à ce genre de bruits. Ce n'était pas la première fois qu'un faux prophète nous annonçait la paix-dans-le-monde, les-pourparlers-avec-la-Croix-Rouge-pour-notre-libération, ou d'autres bobards... Et souvent nous y croyions... C'était une injection de morphine.

Mais, cette fois, ces prophéties paraissaient plus solides. Les dernières nuits, nous avions entendu au loin le canon.

Mon voisin, le sans-visage, parla alors :

– Ne vous laissez pas berner d'illusions. Hitler a bien précisé qu'il anéantirait tous les Juifs avant que l'horloge sonne douze coups, avant qu'ils ne puissent entendre le dernier.

J'éclatai :

– Qu'est-ce que ça peut vous faire ? Faut-il que nous considérions Hitler comme un prophète ?

Ses yeux éteints et glacés se fixèrent. Il finit par dire, d'une voix lasse :

– J'ai plus confiance en Hitler qu'en aucun autre. Il est le seul à avoir tenu ses promesses, toutes ses promesses, au peuple juif.

L'après-midi du même jour à quatre heures, comme d'habitude, la cloche appela tous les chefs de bloc au rapport.

Ils en revinrent brisés. Ils n'arrivèrent à des-

serrer leurs lèvres que pour prononcer ce mot :
« Evacuation ». Le camp allait être vidé, et nous
serions envoyés vers l'arrière. Vers où ? Quelque
part au fin fond de l'Allemagne. Vers d'autres
camps : ils ne manquaient pas.

    — Quand ?

    — Demain soir.

    — Peut-être que les Russes arriveront avant...

    — Peut-être.

Nous savions tous bien que non.

Le camp était devenu une ruche. On courait,
on s'interpellait. Dans tous les blocs, on se préparait à la route. J'avais oublié mon pied
malade. Un médecin entra dans la salle et
annonça :

    — Demain, tout de suite après la tombée de
la nuit, le camp se mettra en marche. Bloc après
bloc. Les malades peuvent rester à l'infirmerie.
Ils ne seront pas évacués.

    Cette nouvelle nous donna à penser. Les S.S.
allaient-ils laisser quelques centaines de détenus
se pavaner dans les blocs-hôpitaux en attendant
l'arrivée de leurs libérateurs ? Allaient-ils permettre à des Juifs d'entendre sonner la douzième
heure ? Evidemment pas.

    — Tous les malades seront achevés à bout por-
tant, dit le sans-visage. Et, dans une dernière
fournée, jetés au crématoire.

– Le camp est sûrement miné, remarqua un autre. Aussitôt après l'évacuation, tout sautera.

Pour moi, je ne pensais pas à la mort, mais je ne voulais pas me séparer de mon père. Nous avions déjà tant souffert, tant supporté ensemble : ce n'était pas le moment de nous séparer.

Je courus dehors, à sa recherche. La neige était épaisse, les fenêtres des blocs voilés de givre. Une chaussure à la main, car je ne pouvais chausser mon pied droit, je courais, ne sentant ni la douleur ni le froid.

– Que fait-on ?

Mon père ne répondit pas.

– Que fait-on, père ?

Il était perdu dans ses méditations. Le choix était entre nos mains. Pour une fois, nous pouvions décider nous-mêmes de notre sort. Rester tous deux à l'hôpital, où je pouvais le faire entrer comme malade ou comme infirmier, grâce à mon docteur. Ou bien suivre les autres.

J'étais décidé à accompagner mon père n'importe où.

– Eh bien, que fait-on, père ?

Il se taisait.

– Laissons-nous évacuer avec les autres, lui dis-je.

Il ne répondit pas. Il regardait mon pied.

– Tu crois que tu pourras marcher ?

– Oui, je crois.
– Pourvu que nous ne le regrettions pas, Eliezer.

J'appris après la guerre le sort de ceux qui étaient restés à l'hôpital. Ils furent libérés par les Russes, tout simplement, deux jours après l'évacuation.

Je ne retournai plus à l'hôpital. Je me rendis à mon bloc. Ma blessure s'était rouverte et saignait : la neige sous mes pas devenait rouge.

Le chef de bloc distribuait doubles rations de pain et de margarine, pour la route. Des vêtements et des chemises, on pouvait en prendre autant qu'on voulait au magasin.

Il faisait froid. On se mit au lit.

La dernière nuit à Buna. Une fois de plus, la dernière nuit. La dernière nuit à la maison, la dernière nuit au ghetto, la dernière nuit dans le wagon et, maintenant, la dernière nuit à Buna. Combien de temps encore notre vie se traînerait-elle d'une « dernière nuit » à l'autre ?

Je ne dormis point. A travers les vitres givrées éclataient des lueurs rouges. Des coups de canon déchiraient la tranquilité nocturne. Qu'ils étaient proches, les Russes ! Entre eux et nous – une nuit, notre dernière nuit. On chuchotait d'un lit à l'autre : avec un peu de chance, les Russes seraient ici avant l'évacuation. L'espérance soufflait encore.

Quelqu'un s'écria :

– Essayez de dormir. Prenez des forces pour le voyage.

Cela me rappela les dernières recommandations de ma mère, dans le ghetto.

Mais je n'arrivais pas à m'endormir. Je sentais mon pied me brûler.

Au matin, le camp avait changé de visage. Les détenus se montraient dans d'étranges accoutrements : on eut dit une mascarade. Chacun avait enfilé plusieurs vêtements l'un sur l'autre pour mieux se protéger du froid. Pauvres saltimbanques, plus larges que hauts, plus morts que vivants, pauvres clowns dont le visage de fantôme sortait d'un monceau de tenues de bagnards ! Paillasses.

Je tâchai de découvrir une chaussure très large. En vain. Je déchirai une couverture et en entourai mon pied blessé. Puis je m'en fus vagabonder à travers le camp, à la recherche d'un peu plus de pain et de quelques pommes de terre.

Certains disaient qu'on nous conduisait en

Tchécoslovaquie. Non : à Gros-Rosen. Non : à Gleiwitz. Non à...

Deux heures de l'après-midi. La neige continuait à tomber drue.

Les heures passaient vite maintenant. Voilà le crépuscule. Le jour se perdait dans la grisaille.

Le chef du bloc se souvint soudain qu'on avait oublié de nettoyer le bloc. Il ordonna à quatre prisonniers de lessiver le parquet... Une heure avant de quitter le camp ! Pourquoi ? Pour qui ?

– Pour l'armée libératrice, s'écria-t-il. Qu'ils sachent qu'ici vivaient des hommes et non des porcs.

Nous étions donc des hommes ? Le bloc fut nettoyé à fond, lavé jusque dans ses moindres recoins.

A six heures, la cloche sonna. Le glas. L'enterrement. La procession allait se mettre en marche.

– En rangs ! Vite !

En quelques instants, nous étions tous en rangs, par blocs. La nuit venait de tomber. Tout était en ordre, selon le plan établi.

Les projecteurs s'allumèrent. Des centaines de S.S. armés surgirent de l'obscurité, accompagnés de chiens de bergers. Il ne cessait de neiger.

Les portes du camp s'ouvrirent. De l'autre côté paraissait nous attendre une nuit plus obscure encore.

Les premiers blocs se mirent en marche. Nous attendions. Nous devions attendre la sortie des cinquante-six blocs qui nous précédaient. Il faisait très froid. Dans la poche, j'avais deux morceaux de pain. Avec quel appétit j'en aurais mangé ! Mais je n'en avais pas le droit. Pas maintenant.

Notre tour approchait : bloc 53... bloc 55...

– Bloc 57, en avant, marche !

Il neigeait sans fin.

CHAPITRE VI

Un vent glacé soufflait avec violence. Mais nous marchions sans broncher.

Les S.S. nous firent presser le pas. « Plus vite, canailles, chiens pouilleux ! » Pourquoi pas ? Le mouvement nous réchauffait un peu. Le sang coulait plus facilement dans nos veines. On avait la sensation de revivre...

« Plus vite, chiens pouilleux ! » On ne marchait plus, on courait. Comme des automates. Les S.S. couraient aussi, leurs armes à la main. Nous avions l'air de fuir devant eux.

Nuit noire. De temps à autre, une détonation éclatait dans la nuit. Ils avaient l'ordre de tirer sur ceux qui ne pouvaient soutenir le rythme de la course. Le doigt sur la détente, ils ne s'en privaient pas. L'un d'entre nous s'arrêtait-il une seconde, un coup de feu sec supprimait un chien pouilleux.

Je mettais machinalement un pas devant l'autre. J'entraînais ce corps squelettique qui pesait encore si lourd. Si j'avais pu m'en débarrasser ! Malgré mes efforts pour ne pas penser, je sentais que j'étais deux : mon corps et moi. Je le haïssais.

Je me répétai « Ne pense pas, ne t'arrête pas, cours ».

Près de moi, des hommes s'écroulaient dans la neige sale. Coups de feu.

A mes côtés marchait un jeune gars de Pologne, qui s'appelait Zalman. Il travaillait à Buna dans le dépôt de matériel électrique. On se moquait de lui parce qu'il était toujours à prier ou à méditer sur quelque problème talmudique. C'était une manière pour lui d'échapper à la réalité, de ne pas sentir les coups...

Il fut soudain saisi de crampes d'estomac. « J'ai mal au ventre », me souffla-t-il. Il ne pouvait plus continuer. Il fallait qu'il s'arrête un instant. Je l'implorai :

— Attends encore un peu, Zalman. Bientôt, on s'arrêtera tous. On ne va pas courir comme ça jusqu'au bout du monde.

Mais, tout en courant, il commença de se déboutonner et me cria :

— Je n'en peux plus. Mon ventre éclate...

— Fais un effort, Zalman... Essaie...

— Je n'en peux plus, gémissait-il.

Son pantalon baissé, il se laissa choir.

C'est la dernière image qui me reste de lui. Je ne crois pas que ce soit un S.S. qui l'ait achevé, car personne ne l'avait aperçu. Il dut mourir écrasé sous les pieds des milliers d'hommes qui nous suivaient.

Je l'oubliai vite. Je recommençai à penser à moi-même. A cause de mon pied endolori, à chaque pas, un frisson me secouait. « Encore quelques mètres, pensais-je, encore quelques mètres et ce sera fini. Je tomberai. Une petite flamme rouge... Un coup de feu. » La mort m'enveloppait jusqu'à m'étouffer. Elle collait à moi. Je sentais que j'aurais pu la toucher. L'idée de mourir, de ne plus être, commençait à me fasciner. Ne plus exister. Ne plus sentir les douleurs horribles de mon pied. Ne plus rien sentir, ni fatigue, ni froid, rien. Sauter hors du rang, se laisser glisser vers le bord de la route.

La présence de mon père était la seule chose qui m'en empêchait... Il courait à mes côtés, essoufflé, à bout de forces, aux abois. Je n'avais pas le droit de me laisser mourir. Que ferait-il sans moi ? J'étais son seul soutien.

Ces pensées m'avaient occupé un bout de temps, pendant lequel j'avais continué de courir sans sentir mon pied endolori, sans me rendre compte même que je courais, sans avoir conscience de posséder un corps qui galopait là sur la route, au milieu de milliers d'autres.

Revenu à moi, j'essayai de ralentir un peu le pas. Mais il n'y avait pas moyen. Ces vagues d'hommes déferlaient comme un raz-de-marée, et m'auraient écrasé comme une fourmi.

Je n'étais plus qu'un somnambule. Il m'arrivait de fermer les paupières et c'était comme si je courais endormi. De temps à autre, quelqu'un me poussait violemment par derrière et je me réveillais. L'autre hurlait : « Cours plus vite. Si tu ne veux pas avancer, laisse passer les autres.» Mais il me suffisait de fermer les yeux une seconde pour voir défiler tout un monde, pour rêver toute une vie.

Route sans fin. Se laisser pousser par la cohue, se laisser entraîner par le destin aveugle. Quand les S.S. étaient fatigués, on les changeait. Nous, personne ne nous changeait. Les membres transis de froid, malgré la course, la gorge sèche, affamés, essoufflés, nous continuions.

Nous étions les maîtres de la nature, les maîtres du monde. Nous avions tout oublié, la mort, la fatigue, les besoins naturels. Plus forts que le froid et la faim, plus forts que les coups de feu et le désir de mourir, condamnés et vagabonds, simples numéros, nous étions les seuls hommes sur terre.

Enfin, l'étoile du matin apparut dans le ciel

gris. Une vague clarté commençait à traîner à l'horizon. Nous n'en pouvions plus, nous étions sans forces, sans illusions.

Le commandant annonça que nous avions déjà fait soixante-dix kilomètres depuis le départ. Il y avait longtemps que nous avions dépassé les limites de la fatigue. Nos jambes se mouvaient mécaniquement, malgré nous, sans nous.

Nous traversâmes un village abandonné. Pas âme qui vive. Pas un aboiement. Des maisons aux fenêtres béantes. Certains se laissèrent glisser hors des rangs pour tenter de se cacher dans quelque bâtiment désert.

Une heure de marche encore et l'ordre de repos arriva enfin.

Comme un seul homme, nous nous laissâmes choir dans la neige. Mon père me secoua :

– Pas ici... Lève-toi... Un peu plus loin. Il y a là-bas un hangar... Viens...

Je n'avais ni l'envie ni la force de me lever. J'obéis pourtant. Ce n'était pas un hangar, mais une usine de briques au toit défoncé, aux vitres brisées, aux murs encrassés de suie. Il n'était pas facile d'y pénétrer. Des centaines de détenus se pressaient devant la porte.

Nous réussîmes enfin à entrer. Là aussi, la neige était épaisse. Je me laissai tomber. C'est seulement à présent que je sentais toute ma lassitude. La neige me paraissait un tapis bien doux, bien chaud. Je m'assoupis.

Je ne sais combien de temps j'ai dormi. Quelques instants ou une heure. Quand je me réveillai, une main frigorifiée me tapotait les joues. Je m'efforçai d'ouvrir les paupières : c'était mon père.

Qu'il était devenu vieux depuis hier soir ! Son corps était complètement tordu, recroquevillé sur lui-même. Ses yeux pétrifiés, ses lèvres fanées, pourries. Tout en lui attestait une lassitude extrême. Sa voix était humide de larmes et de neige :

— Ne te laisse pas emporter par le sommeil, Eliezer. Il est dangereux de s'endormir dans la neige. On s'endort pour de bon. Viens, mon petit, viens. Lève-toi.

Me lever ? Comment le pouvais-je ? Comment s'extraire de ce bon duvet ? J'entendais les mots de mon père, mais leur sens me semblait vide, comme s'il m'avait demandé de porter tout le hangar à bout de bras...

— Viens, mon fils, viens...

Je me levai, serrant les dents. Me soutenant d'un bras, il me conduisit dehors. Ce n'était guère facile. Il était aussi malaisé de sortir que d'entrer. Sous nos pas, des hommes écrasés, foulés au pied, agonisaient. Personne n'y prenait garde.

Nous fûmes dehors. Le vent glacé me cinglait la figure. Je me mordais les lèvres sans trêve pour qu'elles ne gèlent pas. Autour de moi, tout paraissait danser une danse de mort. A donner le vertige. Je marchais dans un cimetière. Parmi des corps raidis, des bûches de bois. Pas un cri de détresse, pas une plainte, rien qu'une agonie en masse, silencieuse. Personne n'implorait l'aide de personne. On mourrait parce qu'il fallait mourir. On ne faisait pas de difficultés.

En chaque corps raidi, je me voyais moi-même. Et bientôt je n'allais même plus les voir, j'allais être l'un des leurs. Une question d'heures.

– Viens, père, retournons au hangar...

Il ne répondit pas. Il ne regardait pas les morts.

– Viens, père. C'est mieux là-bas. On pourra s'étendre un peu. L'un après l'autre. Je te garderai et toi tu me garderas. On ne se laissera pas s'endormir. On se surveillera l'un l'autre.

Il accepta. Après avoir piétiné bien des corps et des cadavres, nous réussîmes à rentrer dans le hangar. Nous nous y laissâmes choir.

– Ne crains rien, mon petit. Dors, tu peux dormir. Je veillerai, moi.

– D'abord toi, père. Dors.

Il refusa. Je m'étendis et m'efforçai de dormir, de somnoler un peu, mais en vain. Dieu sait ce que j'aurais fait pour pouvoir sommeiller quelques instants. Mais, tout au fond de moi, je sentais que dormir signifiait mourir. Et quelque chose en moi se révoltait contre cette mort. Autour de moi elle s'installait sans bruit, sans violence. Elle saisissait quelque endormi, s'insinuait en lui et le dévorait peu à peu. A côté de moi quelqu'un essayait de réveiller son voisin, son frère, peut-être, ou un camarade. En vain. Découragé dans ses efforts, il s'étendait à son tour, à côté du cadavre, et il s'endormait aussi. Qui allait le réveiller, lui ? Etendant le bras, je le touchai :

– Réveille-toi. Il ne faut pas dormir ici...

Il entr'ouvrit les paupières :

– Pas de conseils, dit-il d'une voix éteinte. Je suis claqué. Fiche-moi la paix. Fous le camp.

Mon père somnolait doucement, lui aussi. Je ne voyais pas ses yeux. Sa casquette lui recouvrait le visage.

– Réveille-toi, lui murmurai-je à l'oreille.

Il sursauta. Il s'assit et regarda autour de lui, perdu, stupéfait. Le regard d'un orphelin. Il jeta un regard circulaire sur tout ce qui se trouvait autour de lui comme s'il avait tout d'un coup décidé de dresser l'inventaire de son univers, de savoir où il se trouvait, dans quel endroit, comment et pourquoi. Puis il sourit.

Je me souviendrai toujours de ce sourire. De quel monde venait-il ?

La neige continuait de tomber en flocons épais sur les cadavres.

La porte du hangar s'ouvrit. Un vieillard apparut, les moustaches givrées, les lèvres bleues de froid. C'était Rabi Eliahou, le rabbin d'une petite communauté en Pologne. Un homme très bon, que tout le monde chérissait au camp, même les Kapos et les chefs de blocs. Malgré les épreuves et les malheurs, son visage continuait à rayonner sa pureté intérieure. C'était le seul rabbin qu'on n'omettait jamais d'appeler « rabi » à Buna. Il ressemblait à l'un de ces prophètes de jadis, toujours au milieu du peuple pour le consoler. Et, fait étrange, ses mots de consolation ne révoltaient personne. Ils apaisaient réellement.

Il entra dans le hangar et ses yeux, plus brillants que jamais, semblaient chercher quelqu'un :

— Peut-être avez-vous vu mon fils quelque part ?

Il avait perdu son fils dans la cohue. Il l'avait cherché en vain parmi les agonisants. Puis il avait gratté la neige pour retrouver son cadavre. Sans résultat.

Trois années durant, ils avaient tenu bon

ensemble. Toujours l'un près de l'autre, pour les souffrances, pour les coups, pour la ration de pain et pour la prière. Trois années, de camp en camp, de sélection en sélection. Et maintenant – alors que la fin paraissait proche – le destin les séparait. Arrivé près de moi, Rabi Eliahou murmura :

– C'est arrivé sur la route. Nous nous sommes perdus de vue pendant le trajet. J'étais resté un peu en arrière de la colonne. Je n'avais plus la force de courir. Et mon fils ne s'en était pas aperçu. Je ne sais rien de plus. Où a-t-il disparu ? Où puis-je le trouver ? Peut-être l'avez-vous vu quelque part ?

– Non, Rabi Eliahou, je ne l'ai pas vu.

Il est parti alors, comme il était venu : comme une ombre balayée par le vent.

Il avait déjà franchi la porte quand je me souvins soudain que j'avais vu son fils courir à côté de moi. J'avais oublié cela et je ne l'avais pas dit à Rabi Eliahou !

Puis je me rappelai autre chose : son fils l'avait vu perdre du terrain, boîtant, rétrograder à l'arrière de la colonne. Il l'avait vu. Et il avait continué à courir en tête, laissant se creuser la distance entre eux.

Une pensée terrible surgit à mon esprit : il avait voulu se débarrasser de son père ! Il avait senti son père faiblir, il avait cru que c'était la

fin et avait cherché cette séparation pour se décharger de ce poids, pour se libérer d'un fardeau qui pourrait diminuer ses propres chances de survie.

J'avais bien fait d'oublier cela. Et j'étais heureux que Rabi Eliahou continue de chercher un fils chéri.

Et, malgré moi, une prière s'est éveillée en mon cœur, vers ce Dieu auquel je ne croyais plus.

– Mon Dieu, Maître de l'Univers, donne-moi la force de ne jamais faire ce que le fils de Rabi Eliahou a fait.

Des cris s'élevèrent au dehors, dans la cour, où la nuit était tombée. Les S.S. ordonnaient de reformer les rangs.

On reprit la marche. Les morts restèrent dans la cour, sous la neige, comme des gardes fidèles assassinés, sans sépulture. Personne n'avait récité pour eux la prière des morts. Des fils abandonnèrent les dépouilles de leurs pères sans une larme.

Sur la route, il neigeait, il neigeait, il neigeait sans fin. On marchait plus lentement. Les gardiens eux-mêmes paraissaient fatigués. Mon pied blessé avait cessé de me faire mal. Il devait être complètement gelé. Il était perdu pour moi, ce pied. Il s'était détaché de mon corps comme la roue d'une voiture. Tant pis. Il fallait me faire

une raison : je vivrais avec une seule jambe. L'essentiel était de ne pas y penser. Surtout pas en ce moment. Laisser les pensées pour plus tard.

Notre marche avait perdu toute apparence de discipline. Chacun allait comme il voulait, comme il pouvait. On n'entendait plus de coups de feu. Nos gardiens devaient être fatigués.

Mais la mort n'avait guère besoin d'aide. Le froid faisait consciencieusement son travail. A chaque pas, quelqu'un s'abattait, cessait de souffrir.

De temps en temps, des officiers S.S. sur des motocyclettes descendaient le long de la colonne pour secouer l'apathie croissante :

– Tenez bon ! On arrive !

– Courage ! Quelques heures encore !

– Nous arrivons à Gleiwitz !

Ces mots d'encouragement, même venant de la bouche de nos assassins, nous faisaient le plus grand bien. Personne ne voulait plus abandonner la partie maintenant, juste avant la fin, si près du but. Nos yeux scrutaient l'horizon à la recherche des barbelés de Gleiwitz. Notre unique désir était d'y arriver le plus vite possible.

La nuit s'installait. La neige cessa de tomber. Nous marchâmes encore plusieurs heures avant d'arriver. Nous n'aperçûmes le camp qu'en nous trouvant juste devant la porte.

Des Kapos nous installèrent rapidement dans les baraques. On se poussait, on se bousculait comme si ç'avait été le suprême refuge, la porte donnant sur la vie. On marchait sur des corps endoloris. On piétinait des visages déchirés. Pas de cris ; quelques gémissements. Nous-mêmes, mon père et moi, fumes jetés à terre par cette marée qui déferlait. Sous nos pas quelqu'un poussait un râle :

— Vous m'écrasez... pitié !

Une voix qui ne m'était pas inconnue.

— Vous m'écrasez... pitié ! Pitié !

La même voix éteinte, le même râle, déjà entendu quelque part. Cette voix m'avait parlé un jour. Où ? Quand ? Il y a des années ? Non, cela ne pouvait avoir été qu'au camp.

— Pitié !

Je sentais que je l'écrasais. Je lui coupais la respiration. Je voulais me lever, je faisais des efforts pour me dégager, pour lui permettre de respirer. Moi-même j'étais écrasé sous le poids d'un autre corps. Je respirais difficilement. Je plantais mes ongles dans des visages inconnus. Je mordais autour de moi, pour chercher un accès à l'air. Personne ne criait.

Soudain je me souvins. Juliek ! Ce garçon de Varsovie qui jouait du violon dans l'orchestre de Buna...

— Juliek, c'est toi ?

144

– Eliezer... Les vingt-cinq coups de fouet...
Oui... Je me souviens.

Il se tut. Un long moment passa.

– Juliek ! M'entends-tu, Juliek ?

– Oui... dit-il d'une voix faible. Que veux-tu ?

Il n'était pas mort.

– Comment te sens-tu, Juliek ? demandai-je,
moins pour connaître sa réponse que pour
l'entendre parler, vivre.

– Bien, Eliezer... Ça va... Peu d'air... Fatigué.
J'ai les pieds enflés. C'est bon de se reposer, mais
mon violon...

Je pensais qu'il avait perdu la raison. Qu'est-
ce que le violon venait faire ici ?

– Quoi, ton violon ?

Il haletait :

–J'ai... J'ai peur... qu'on casse... mon violon...
J'ai... je l'ai emporté avec moi.

Je ne pus lui répondre. Quelqu'un s'était couché de son long sur moi, m'avait couvert le
visage. Je ne pouvais plus respirer, ni par la
bouche, ni par le nez. La sueur me perlait au
front et dans le dos. C'était la fin, le bout de la
route. Une mort silencieuse, l'étranglement. Pas
moyen de crier, d'appeler au secours.

Je tentais de me débarrasser de mon invisible
assassin. Tout mon désir de vivre s'était concen-
tré dans mes ongles. Je griffais, je luttais pour
une gorgée d'air. Je lacérais une chair pourrie

qui ne répondait pas. Je ne pouvais me dégager de cette masse qui pesait sur ma poitrine.
Qui sait ? N'était-ce pas un mort avec qui je
luttais ?

Je ne le saurai jamais. Tout ce que je puis dire,
c'est que j'en eus raison. Je réussis à me creuser
un trou dans cette muraille d'agonisants, un petit
trou par lequel je pus voire un peu d'air.

— Père, comment te sens-tu ? demandai-je,
dès que je pus prononcer un mot.

Je savais qu'il ne devait pas être loin de moi.

— Bien ! répondit une voix lointaine, comme
venant d'un autre monde. J'essaie de dormir.

Il essayait de dormir. Avait-il tort ou raison ?
Pouvait-on dormir ici ? N'était-il pas dangereux
de laisser s'évanouir sa vigilance, même pour un
instant, alors que la mort à chaque moment pouvait s'abattre sur vous ?

Je réfléchissais ainsi lorsque j'entendis le son
d'un violon. Le son d'un violon dans la baraque
obscure où des morts s'entassaient sur les
vivants. Quel était le fou qui jouait du violon ici,
au bord de sa propre tombe ? Ou bien n'était-
ce qu'une hallucination ?

Ce devait être Juliek.

Il jouait un fragment d'un concert de
Beethoven. Je n'avais jamais entendu de sons si
purs. Dans un tel silence.

Comment avait-il réussi à se dégager ? A

s'extraire de sous mon corps sans que je le sente ?

L'obscurité était totale. J'entendais seulement ce violon et c'était comme si l'âme de Juliek lui servait d'archet. Il jouait sa vie. Toute sa vie glissait sur les cordes. Ses espoirs perdus. Son passé calciné, son avenir éteint. Il jouait ce que jamais plus il n'allait jouer.

Je ne pourrais jamais oublier Juliek. Comment pourrai-je oublier ce concert donné à un public d'agonisants et de morts ! Aujourd'hui encore, lorsque j'entends jouer du Beethoven, mes yeux se ferment et, de l'obscurité, surgit le visage pâle et triste de mon camarade polonais faisant au violon ses adieux à un auditoire de mourants.

Je ne sais combien de temps il joua. Le sommeil m'a vaincu. Quand je m'éveillai, à la clarté du jour, j'aperçus Juliek, en face de moi, recroquevillé sur lui-même, mort. Près de lui gisait son violon, piétiné, écrasé, petit cadavre insolite et bouleversant.

Nous demeurâmes trois jours à Gleiwitz. Trois jours sans manger et sans boire. On n'avait pas le droit de quitter la baraque. Des S.S. surveillaient la porte.

J'avais faim et soif. Je devais être bien sale et défait, à voir l'aspect des autres. Le pain que nous avions emporté de Buna avait été dévoré depuis longtemps. Et qui sait quand on nous donnerait une nouvelle ration ?

Le front nous poursuivait. Nous entendions de nouveaux coups de canon, tout proches. Mais nous n'avions plus la force ni le courage de penser que les Nazis n'auraient pas le temps de nous évacuer, que les Russes allaient bientôt arriver.

On apprit que nous allions être déportés au centre de l'Allemagne.

Le troisième jour, à l'aube, on nous chassa des baraques. Chacun avait jeté sur son dos quelques couvertures, comme des châles de prière. On nous dirigea vers une porte qui séparait le camp en deux. Un groupe d'officiers S.S. s'y tenait. Une rumeur traversa nos rangs : une sélection !

Les officiers S.S. faisaient le triage. Les faibles : à gauche. Ceux qui marchaient bien : à droite.

Mon père fut envoyé à gauche. Je courus derrière lui. Un officier S.S. hurla dans mon dos :

– Reviens ici !

Je me faufilais parmi les autres. Plusieurs S.S. se précipitèrent à ma recherche, créant un tel tohu-bohu que bien des gens de gauche purent revenir vers la droite – et parmi eux, mon père et moi. Il y eut cependant quelques coups de feu, et quelques morts.

On nous fit tous sortir du camp. Après une demi-heure de marche, nous arrivâmes au beau milieu d'un champ, coupé par des rails. On devait attendre là l'arrivée du train.

La neige tombait serrée. Défense de s'asseoir, ni de bouger.

La neige commençait à constituer une couche épaisse sur nos couvertures. On nous apporta du pain, la ration habituelle. Nous nous jetâmes dessus. Quelqu'un eut l'idée d'apaiser sa soif en mangeant de la neige. Il fut bientôt imité par les autres. Comme on n'avait pas le droit de se baisser, chacun avait sorti sa cuiller et mangeait la neige accumulée sur le dos de son voisin. Une bouchée de pain et une cuillerée de neige. Cela faisait rire les S.S. qui observaient ce spectacle.

Les heures passaient. Nos yeux étaient fatigués de scruter l'horizon pour voir apparaître le train libérateur. Ce n'est que fort tard dans la soirée qu'il arriva. Un train infiniment long, formé de wagons à bestiaux, sans toit. Les S.S. nous y poussèrent, une centaine par wagon : nous étions si maigres ! L'embarquement achevé, le convoi s'ébranla.

CHAPITRE VII

Serrés les uns contre les autres pour tenter de résister au froid, la tête vide et lourde à la fois, au cerveau un tourbillon de souvenirs moisis. L'indifférence engourdissait l'esprit. Ici ou ailleurs – quelle différence ? Crever aujourd'hui ou demain, ou plus tard ? La nuit se faisait longue, longue à n'en plus finir.

Lorqu'enfin une éclaircie grise apparut à l'horizon, elle me découvrit un enchevêtrement de formes humaines, la tête rentrée dans les épaules, accroupies, s'entassant les unes contre les autres, comme un champ de pierres tombales couvertes de poussière aux premières lueurs de l'aube. J'essayai de distinguer ceux qui vivaient encore de ceux qui n'étaient plus. Mais il n'y avait pas de différence. Mon regard s'arrêta longtemps sur un qui, les yeux ouverts, fixait le vide. Son visage livide était recouvert d'une couche de givre et de neige.

Mon père était recroquevillé près de moi, enveloppé dans sa couverture, les épaules chargées de neige. Et s'il était mort, lui aussi ? Je l'appelai. Pas de réponse. J'aurais crié si j'en avais été capable. Il ne bougeait pas.

Je fus soudain envahi de cette évidence : il n'y avait plus de raison de vivre, plus de raison de lutter.

Le train stoppa au milieu d'un champ désert. Ce brusque arrêt avait réveillé quelques dormeurs. Ils se dressaient sur leurs pieds et jetaient un regard étonné autour d'eux.

Dehors, des S.S. passaient en hurlant :

– Jetez tous les morts ! Tous les cadavres dehors !

Les vivants se réjouissaient. Ils auraient plus de place. Des volontaires se mirent au travail. Ils tâtaient ceux qui étaient restés accroupis.

– En voilà un ! Prenez-le !

On le déshabillait et les survivants se partageaient avidement ses vêtements, puis deux « fossoyeurs » le prenaient par la tête et les pieds et le jetaient hors du wagon, tel un sac de farine.

On entendait appeler d'un peu partout :

– Venez donc ! Ici, un autre ! Mon voisin. Il ne bouge plus.

Je ne m'éveillai de mon apathie qu'au moment

où des hommes s'approchèrent de mon père. Je me jetai sur son corps. Il était froid. Je le giflai. Je lui frottai les mains, criant :

– Père ! Père ! Réveille-toi. On va te jeter du wagon...

Son corps restait inerte.

Les deux fossoyeurs m'avaient saisi au collet :

– Laisse-le. Tu vois bien qu'il est mort.

– Non ! criai-je. Il n'était pas mort ! Pas encore !

Je me remis de plus belle à le frapper. Au bout d'un moment, mon père entr'ouvrit ses paupières sur des yeux vitreux. Il respira faiblement.

– Vous voyez m'écriai-je.

Les deux hommes s'éloignèrent.

On déchargea de notre wagon une vingtaine de cadavres. Puis le train reprit sa marche, laissant derrière lui quelques centaines d'orphelins nus sans sépulture dans un champ enneigé de Pologne.

Nous ne recevions aucune nourriture. Nous vivions de neige : elle tenait lieu de pain. Les jours ressemblaient aux nuits et les nuits laissaient dans notre âme la lie de leur obscurité. Le train roulait lentement, s'arrêtait souvent quelques heures et repartait. Il ne cessait de neiger. Nous restions accroupis tout au long des jours et des nuits, les uns sur les autres, sans dire un mot. Nous n'étions plus que des corps frigorifiés. Les paupières closes, nous n'attendions que l'arrêt suivant pour décharger nos morts.

Dix jours, dix nuits de voyage. Il nous arrivait de traverser des localités allemandes. Très tôt le matin, généralement. Des ouvriers allaient à leur travail. Ils s'arrêtaient et nous suivaient du regard, pas autrement étonnés.

Un jour que nous étions arrêtés, un ouvrier sortit de sa besace un bout de pain et le jeta dans un wagon. Ce fut une ruée. Des dizaines d'affamés s'entretuèrent pour quelques miettes. Les ouvriers allemands s'intéressèrent vivement à ce spectacle.

Des années plus tard, j'assistai à un spectacle du même genre à Aden. Les passagers de notre navire s'amusaient à jeter des pièces de monnaie aux « natifs », qui plongeaient pour les ramener. Une Parisienne d'allure aristocratique s'amusait beaucoup à ce jeu. J'aperçus soudain deux enfants qui se battaient à mort, l'un essayant d'étrangler l'autre, et j'implorai la dame :

– Je vous en prie, ne jetez plus de monnaie !

– Pourquoi pas ? dit-elle. J'aime faire la charité...

Dans le wagon où le pain était tombé, une véritable bataille avait éclaté. On se jetait les uns sur les autres, se piétinant, se déchirant, se mordant. Des bêtes de proie déchaînées, la haine animale dans les yeux ; une vitalité extraordinaire les avait saisis, avait aiguisé leurs dents et leurs ongles.

Un groupe d'ouvriers et de curieux s'était rassemblé le long du train. Ils n'avaient sans doute encore jamais vu un train avec un tel chargement. Bientôt, d'un peu partout, des morceaux de pain tombèrent dans les wagons. Les spectateurs contemplaient ces hommes squelettiques s'entretuant pour une bouchée.

Un morceau tomba dans notre wagon. Je décidai de ne pas bouger. Je savais d'ailleurs que je n'aurais pas la force nécessaire pour lutter contre ces dizaines d'hommes déchaînés ! J'aperçus non loin de moi un vieillard qui se traînait à quatre pattes. Il venait de se dégager de la mêlée. Il porta une main à son cœur. Je crus d'abord qu'il avait reçu un coup dans la poitrine. Puis je compris : il avait sous sa veste un bout de pain. Avec une rapiditié extraordinaire, il le retira, le porta à sa bouche. Ses yeux s'illuminèrent ; un sourire, pareil à une grimace, éclaira son visage mort. Et s'éteignit aussitôt. Une ombre venait de s'allonger près de lui. Et cette ombre se jeta sur lui. Assommé, ivre de coups, le vieillard criait :

– Méir, mon petit Méir ! Tu ne me reconnais pas ? Je suis ton père... Tu me fais mal... Tu assassines ton père... J'ai du pain... pour toi aussi... pour toi aussi...

Il s'écroula. Il tenait encore son poing refermé sur un petit morceau. Il voulut le porter à sa bouche. Mais l'autre se jeta sur lui et le lui retira. Le vieillard murmura encore quelque chose, poussa un râle et mourut, dans l'indifférence générale. Son fils le fouilla, prit le morceau et commença à le dévorer. Il ne put aller bien loin. Deux hommes l'avaient vu et se précipitèrent sur lui. D'autres se joignirent à eux. Lorsqu'ils se retirèrent, il y avait près de moi deux morts côte à côte, le père et le fils. J'avais quinze ans.

Dans notre wagon se trouvait un ami de mon père, Méir Katz. Il avait travaillé à Buna comme jardinier et, de temps à autre, il nous apportait quelque légume vert. Lui-même, moins mal nourri, avait mieux supporté la détention. A cause de sa relative vigueur, on l'avait nommé responsable de notre wagon.

La troisième nuit de notre voyage je m'éveillai soudain, sentant deux mains sur ma gorge qui essayaient de m'étrangler. J'eus tout juste le temps de crier : « Père ! »

Rien que ce mot. Je me sentais étouffer. Mais mon père s'était réveillé et avait agrippé mon agresseur. Trop faible pour le vaincre, il eut l'idée d'appeler Méir Katz :

– Viens, viens vite ! On étrangle mon fils !

Quelques instants plus tard, j'étais libéré. J'ai toujours ignoré pour quelle raison cet homme avait voulu m'étrangler.

Mais quelques jours plus tard, Méir Katz s'adressa à mon père :

– Chlomo, je faiblis. Je perds mes forces. Je ne tiendrai pas le coup...

– Ne te laisse pas aller ! essayait de l'encourager mon père. Il faut résister ! Ne perds pas confiance en toi !

Mais Méir Katz gémissait sourdement au lieu de répondre :

– Je n'en peux plus, Chlomo !... Qu'y puis-je ?... Je n'en peux plus...

Mon père le prit par le bras. Et Méir Katz, lui, l'homme fort, le plus solide de nous tous, pleurait. Son fils lui avait été enlevé lors de la première sélection, et c'est maintenant seulement qu'il le pleurait. Maintenant seulement il craquait. Il n'en pouvait plus. Au bout du rouleau.

Le dernier jour de notre voyage, un vent terrible se leva ; et la neige n'arrêtait toujours pas de tomber. On sentait que la fin était proche, la vraie fin. On n'allait pas tenir longtemps dans ce vent glacial, dans cette bourrasque.

Quelqu'un se leva et s'écria :

– Il ne faut pas rester assis par ce temps-là. Nous allons crever frigorifiés ! Levons-nous tous, bougeons un peu...

Nous nous sommes tous levés. Chacun serrait plus fort sa couverture détrempée. Et nous nous sommes efforcés de faire quelques pas, de tourner sur place.

Soudain un cri s'éleva dans le wagon, le cri d'une bête blessée. Quelqu'un venait de s'éteindre.

D'autres, qui se sentaient également sur le point de mourir, imitèrent son cri. Et leurs cris semblaient venir d'outre-tombe. Bientôt, tout le monde criait. Plaintes, gémissements. Cris de détresse lancés à travers le vent et la neige.

La contagion gagna d'autres wagons. Et des centaines de cris s'élevaient à la fois. Sans savoir contre qui. Sans savoir pourquoi. Le râle d'agonie de tout un convoi qui sentait venir la fin. Chacun allait finir ici. Toutes les limites avaient été dépassées. Personne n'avait plus de force. Et la nuit allait encore être longue.

Méir Katz gémissait :

– Pourquoi ne nous fusille-t-on pas tout de suite ?

Le même soir, nous arrivâmes à destination.

C'était tard dans la nuit. Des gardiens vinrent nous décharger. Les morts furent abandonnés dans les wagons. Seuls ceux qui pouvaient encore se tenir sur leurs jambes purent descendre.

Méir Katz demeura dans le train. Le dernier jour avait été le plus meutrier. Nous étions montés une centaine dans ce wagon. Nous en descendîmes une douzaine. Parmi eux, mon père et moi-même.

Nous étions arrivés à Buchenwald.

CHAPITRE VIII

A la porte du camp, les officiers S.S. nous attendaient. On nous compta. Puis nous fûmes dirigés vers la place d'appel. Les ordres nous étaient donné par haut-parleurs : « En rangs par cinq.» « Par groupes de cent. » « Cinq pas en avant. »

Je serrais fort la main de mon père. La crainte ancienne et familière : ne pas le perdre.

Tout près de nous se dressait la haute cheminée du four crématoire. Elle ne nous impressionnait plus. A peine si elle attirait notre attention.

Un ancien de Buchenwald nous dit qu'on allait prendre une douche et qu'ensuite on serait répartis dans les blocs. L'idée de prendre un bain chaud me fascinait. Mon père se taisait. Il respirait lourdement près de moi.

— Père, dis-je, encore un instant. Bientôt on

pourra se coucher. Dans un lit. Tu pourras te reposer...

Il ne répondit pas. J'étais moi-même si las que son silence me laissa indifférent. Mon seul désir était de prendre le bain le plus vite possible et de m'étendre sur un lit.

Mais il n'était pas facile d'arriver aux douches. Des centaines de détenus s'y pressaient. Les gardiens n'arrivaient pas à y mettre de l'ordre. Ils frappaient à droite et à gauche, sans résultat visible. D'autres, qui n'avaient pas la force de se bousculer, ni même de se tenir debout, s'assirent dans la neige. Mon père voulut les imiter. Il gémissait.

– Je n'en peux plus... C'est fini... Je vais mourir ici...

Il m'entraîna vers un monticule de neige d'où émergeaient des formes humaines, des lambeaux de couvertures.

– Laisse-moi, me demanda-t-il. Je n'en peux plus... Aie pitié de moi... J'attendrai ici qu'on puisse entrer aux bains... Tu viendras me chercher.

J'aurai pleuré de rage. Avoir tant vécu, tant souffert ; allais-je laisser mon père mourir maintenant ? Maintenant qu'on allait pouvoir prendre un bon bain chaud et s'étendre ?

– Père ! hurlais-je. Père ! Lève-toi d'ici ! Tout de suite ! Tu vas te tuer...

Et je le saisis par un bras. Il continuait à gémir :

– Ne crie pas, mon fils... Aie pitié de ton vieux père... Laisse-moi me reposer ici... Un peu... Je t'en prie, je suis si fatigué... à bout de forces...

Il était devenu pareil à un enfant : faible, craintif, vulnérable.

– Père, lui dis-je, tu ne peux pas rester ici.

Je lui montrai les cadavres autour de lui : eux aussi avaient voulu se reposer ici.

– Je vois, mon fils, je les vois bien. Laisse-les dormir. Ils n'ont pas fermé les yeux depuis si longtemps... Ils sont exténués... exténués...

Sa voix était tendre.

Je hurlai dans le vent :

– Ils ne se réveilleront plus jamais ! Plus jamais, comprends-tu ?

Nous discutâmes ainsi un long moment. Je sentais que ce n'étais pas avec lui que je discutais mais avec la mort elle-même, avec la mort qu'il avait déjà choisie.

Les sirènes commencèrent à hurler. Alerte. Les lampes s'éteignirent dans tout le camp. Les gardiens nous chassèrent vers des blocs. En un clin d'œil, il n'y eut plus personne sur la place d'appel. On n'était que trop heureux de ne pas devoir rester plus longtemps dehors, dans le vent glacial. Nous nous laissâmes choir sur les planches. Il y avait plusieurs étages de lits. Les chaudrons de soupe, à la porte d'entrée, n'avaient pas trouvé d'amateurs. Dormir, cela seul comptait.

Il faisait jour quand je m'éveillai. Je me rappelai alors que j'avais un père. Lors de l'alerte, j'avais suivi la cohue sans m'occuper de lui. Je savais qu'il était à bout de forces, au bord de l'agonie et pourtant je l'avais abandonné.

Je partis à sa recherche.

Mais au même moment s'éveilla en moi cette pensée : « Pourvu que je ne le trouve pas ! Si je pouvais être débarrassé de ce poids mort, de façon à pouvoir lutter de toutes mes forces pour ma propre survie, à ne plus m'occuper que de moi-même. » Aussitôt, j'eus honte, honte pour la vie, de moi-même.

Je marchai des heures durant sans le retrouver. Puis j'arrivais dans un bloc où l'on distribuait du « café » noir. On faisait la queue, on se battait.

Une voix plaintive, suppliante, me saisit dans le dos :

– Eliezer... mon fils... apporte-moi... un peu de café...

Je courus vers lui.

– Père ! Je t'ai cherché si longtemps... Où étais-tu ? As-tu dormi ?... Comment te sens-tu ?

Il devait brûler de fièvre. Comme une bête sauvage, je me frayai un chemin vers le chaudron de café. Et je réussis à rapporter un gobelet. J'en bus une gorgée. Le reste était pour lui.

Je n'oublierai jamais la gratitude qui illuminait ses yeux lorsqu'il avala ce breuvage. La reconnaissance d'une bête. Avec ces quelques gorgée d'eau chaude, je lui avais sans doute procuré plus de satisfaction que durant toute mon enfance...

Il était étendu sur la planche... livide, les lèvres pâles et desséchées, secoué de frissons. Je ne pus rester plus longtemps auprès de lui. Ordre avait été donné de vider les lieux pour le nettoyage. Seuls les malades pouvaient rester.

Nous demeurâmes cinq heures dehors. On nous distribua de la soupe. Lorsqu'on nous permit de regagner les blocs, je courus vers mon père :

– As-tu mangé ?

– Non.

– Pourquoi ?

– On ne nous a rien donné... Ils ont dit qu'on était malade, qu'on allait mourir bientôt et que ce serait dommage de gâcher de la nourriture... Je n'en peux plus...

Je lui donnai ce qui me restait de soupe. Mais j'avais le cœur gros. Je sentais que je lui cédais cela contre mon gré. Pas plus que le fils de Rabi Eliahou, je n'avais résisté à l'épreuve.

De jour en jour il s'affaiblissait, le regard voilé, le visage couleur de feuilles mortes. Le troisième jour après notre arrivée à Buchenwald, tout le monde dut aller aux douches. Même les malades, qui devaient passer les derniers.

Au retour du bain, nous dûmes attendre long-temps dehors. On n'avait pas encore achevé le nettoyage des blocs.

Apercevant au loin mon père, je courus à sa rencontre. Il passa près de moi comme une ombre, me dépassa sans s'arrêter, sans me regar-der. Je l'appelai, il ne se retourna pas. je courus après lui :

– Père, où cours-tu ?

Il me regarda un instant et son regard était lointain, illuminé, le visage d'un autre. Un ins-tant seulement, et il poursuivit sa course.

Atteint de dysenterie, mon père était couché dans son box, et cinq autres malades avec lui. J'étais assis à côté, le veillant, n'osant plus croire qu'il pourrait encore échapper à la mort.

Pourtant, je faisais tout pour lui donner de l'espoir.

Tout d'un coup, il se dressa sur sa couchette et posa ses lèvres fièvreuses contre mon oreille :

– Eliezer... Il faut que je te dise où se trouve l'or et l'argent que j'ai enterrés... Dans la cave... Tu sais...

Et il se mit à parler de plus en plus vite, comme s'il craignait de n'avoir plus le temps de tout me dire. J'essayai de lui expliquer que tout n'était pas encore fini, qu'on rentrerait ensemble à la maison, mais lui ne voulait plus m'écouter. Il ne pouvait plus m'écouter. Il était épuisé. Un filet de bave, mêlé de sang, lui coulait des lèvres. Il avait clos ses paupières. Sa respiration se fit haletante.

Pour une ration de pain, je réussis à échanger mon châlit avec un détenu de ce bloc. L'après-midi, le docteur arriva. J'allai lui dire que mon père était très malade.

– Amène-le ici !

Je lui expliquai qu'il ne pouvait se tenir sur ses jambes. Mais le médecin ne voulut rien entendre. Tant bien que mal, je lui amenai mon père. Il le fixa, puis l'interrogea sèchement :

– Que veux-tu ?

– Mon père est malade, répondis-je à sa place... Dysenterie...

– Dysenterie ? Ce n'est pas mon affaire. Je suis chirurgien. Allez ! Faites de la place pour les autres !...

Mes protestations ne servirent à rien.

– Je n'en peux plus, mon fils... Reconduis-moi au box...

Je le reconduisis et l'aidai à s'étendre. Il frissonnait.

– Essaie de dormir un peu, père. Essaie de t'endormir...

Sa respiration était encombrée, épaisse. Il gardait les paupières closes. Mais j'étais persuadé qu'il voyait tout. Qu'il voyait maintenant la vérité de toute chose.

Un autre docteur arriva dans le bloc. Mais mon père ne voulut plus se lever. Il savait que ce serait inutile.

Ce médecin ne venait d'ailleurs que pour achever les malades. je l'entendis leur crier que c'étaient des paresseux, qu'ils voulaient seulement rester au lit... Je songeai à lui sauter au cou, à l'étrangler. Mais je n'en avais pas le courage, ni la force. J'étais rivé à l'agonie de mon père. Mes mains me faisaient mal tellement elles étaient crispées. Etrangler le docteur et les autres ! Incendier le monde ! Assassins de mon père ! Mais le cri me restait dans la gorge.

Revenant de la distribution du pain, je trouvai mon père pleurant comme un enfant :

— Mon fils, ils me battent !

— Qui ?

Je croyais qu'il délirait.

— Lui, le Français... Et le Polonais... Ils m'ont battu...

Une plaie de plus au cœur, une haine supplémentaire. Une raison de vivre en moins.

— Eliezer... Eliezer... dis-leur de ne pas me frapper... Je n'ai rien fait... Pourquoi me frappent-ils ?

Je me mis à insulter ses voisins. Ils se moquèrent de moi. Je leur promis du pain, de la soupe. Ils riaient. Puis ils se mirent en colère. Ils ne pouvaient plus supporter mon père, disaient-ils, qui ne pouvait plus se traîner dehors pour faire ses besoins.

Le lendemain il se plaignit qu'on lui avait pris sa ration de pain.

— Pendant que tu dormais ?

— Non. Je ne dormais pas. Ils se sont jetés sur moi. Ils me l'ont arraché, mon pain... Et ils m'ont battu... Encore une fois... Je n'en peux plus, mon fils... Un peu d'eau...

Je savais qu'il ne fallait pas qu'il boive. Mais il m'implora si longtemps que je cédai. L'eau était pour lui le pire poison, mais que pouvais-je encore faire pour lui ? Avec de l'eau, sans eau, cela finirait de toute façon bientôt...

– Toi, au moins, aie pitié de moi...

Avoir pitié de lui ! Moi, son fils unique !

Une semaine passa ainsi.

– C'est ton père, celui-ci ? me demanda le responsable du bloc.

– Oui.

– Il est très malade.

– Le docteur ne veut rien faire pour lui.

Il me regarda dans les yeux :

– Le docteur ne *peut* plus rien faire pour lui. Et toi non plus.

Il posa sa grosse main velue sur mon épaule et ajouta :

– Ecoute-moi bien, petit. N'oublie pas que tu es dans un camp de concentration. Ici, chacun doit lutter pour lui-même et ne pas penser aux autres. Même pas à son père. Ici, il n'y a pas de père qui tienne, pas de frère, pas d'ami. Chacun vit et meurt pour soi, seul. Je te donne un bon conseil : ne donne plus ta ration de pain et de soupe à ton vieux père. Tu ne peux plus rien pour lui. Et tu t'assassines toi-même. Tu devrais au contraire recevoir sa ration...

Je l'écoutai sans l'interrompre. Il avait raison, pensais-je au plus secret de moi-même, sans oser me l'avouer. Trop tard pour sauver ton vieux père, me disais-je. Tu pourrais avoir deux rations de pain, deux rations de soupe...

Une fraction de seconde seulement, mais je me sentis coupable. Je courus chercher un peu de soupe et la donnai à mon père. Mais il n'en avait guère envie ; il ne désirait que de l'eau.

– Ne bois pas d'eau, mange de la soupe...

– Je me consume... Pourquoi es-tu si méchant envers moi, mon fils ?... De l'eau...

Je lui apportai de l'eau. Puis je quittai le bloc pour l'appel. Mais je revins sur mes pas. Je m'étendis sur la couchette supérieure. Les malades pouvaient rester dans le bloc. Je serais donc malade. je ne voulais pas quitter mon père.

Tout autour régnait maintenant le silence, troublé seulement par les gémissements. Devant le bloc, les S.S. donnaient des ordres. Un officier passa devant les lits. Mon père implorait :

– Mon fils, de l'eau... Je me consume... Mes entrailles...

– Silence, là-bas ! hurla l'officier.

– Eliezer, continuait mon père, de l'eau...

L'officier s'approcha de lui et lui cria de se taire. Mais mon père ne l'entendait pas. Il continuait à m'appeler. L'officier lui asséna alors un coup violent de matraque sur la tête.

Je ne bougeai pas. Je craignais, mon corps craignait de recevoir à son tour un coup.

Mon père eut encore un râle – et ce fut mon nom : « Eliezer. »

Je le voyais encore respirer, par saccades. Je ne bougeai pas.

Lorsque je descendis après l'appel, je pus voir encore ses lèvres murmurer quelque chose dans un tremblement. Penché au-dessus de lui, je restai plus d'une heure à le contempler, à graver en moi son visage ensanglanté, sa tête fracassée.

Puis je dus aller me coucher. Je grimpai sur ma couchette, au-dessus de mon père qui vivait encore. C'était le 28 janvier 1945.

Je m'éveillai le 29 janvier à l'aube. A la place de mon père gisait un autre malade. On avait dû l'enlever avant l'aube pour le porter au crématoire. Il respirait peut-être encore...

Il n'y eut pas de prière sur sa tombe. Pas de bougie allumée pour sa mémoire. Son dernier mot avait été mon nom. Un appel, et je n'avais pas répondu.

Je ne pleurais pas, et cela me faisait mal de ne pas pouvoir pleurer. Mais je n'avais plus de larmes. Et, au fond de moi-même, si j'avais fouillé les profondeurs de ma conscience débile, j'aurais peut-être trouvé quelque chose comme : enfin libre !...

CHAPITRE IX

Je devais encore rester à Buchenwald jusqu'au 11 avril. Je ne parlerai pas de ma vie durant ce temps-là. Elle n'avait plus d'importance. Depuis la mort de mon père, plus rien ne me touchait.

Je fus transféré au bloc des enfants, où nous étions six cents.

Le front se rapprochait.

Je passais mes journées dans une oisiveté totale. Avec un seul désir : manger. Je ne pensais plus à mon père, ni à ma mère.

De temps à autre, il m'arrivait de rêver. D'un peu de soupe. D'un supplément de soupe.

Le 5 avril, la roue de l'Histoire fit un tour.

Il était tard dans l'après-midi. Nous étions tous debout dans le bloc, attendant qu'un S.S.

vienne nous dénombrer. Il tardait à venir. Un tel retard ne s'était pas encore vu, de mémoire de Buchenwaldien. Il devait se passer quelque chose.

Deux heures plus tard, les haut-parleurs transmirent un ordre du chef du camp : tous les Juifs devaient se rendre sur la place d'appel.

C'était la fin ! Hitler allait tenir sa promesse.

Les enfants de notre bloc se dirigèrent vers la place. Il n'y avait que cela à faire : Gustav, le responsable du bloc, nous parlait avec son bâton... Mais, en cours de route, nous rencontrâmes des prisonniers qui nous chuchotèrent :

– Retournez à votre bloc. Les Allemands veulent vous fusiller. Retournez à votre bloc et ne bougez pas.

Nous retournâmes au bloc. Nous apprîmes en chemin que l'organisation de résistance du camp avait décidé de ne pas abandonner les Juifs et d'empêcher leur liquidation.

Comme il se faisait tard et que le désordre était grand – d'innombrables Juifs s'étaient fait passer pour non-Juifs –, le chef du camp décida qu'un appel général serait fait le lendemain. Tout le monde devrait s'y présenter.

L'appel eut lieu. Le chef du champ annonça que le camp de Buchenwald serait liquidé. Dix blocs de déportés seraient évacués chaque jour.

A partir de ce moment, il n'y eut plus de distribution de pain et de soupe. Et l'évacuation commença. Chaque jour, quelques milliers de détenus traversaient la porte du camp et ne revenaient plus.

Le 10 avril, nous étions encore quelques vingt mille dans le camp, dont quelques centaines d'enfants. On décida de nous évacuer tous en une seule fois. Jusqu'au soir. Ensuite, ils feraient sauter le camp.

Nous étions donc massés sur l'immense place d'appel, en rangs par cinq, attendant de voir s'ouvrir le portail. Tout à coup, les sirènes se mirent à hurler. Alerte. On regagna les blocs. Il était trop tard pour nous faire évacuer ce soir-là. L'évacuation fut remise au lendemain.

La faim nous tenaillait ; nous n'avions rien mangé depuis bientôt six jours, sinon un peu d'herbe et quelques épluchures de pommes de terre trouvées aux abords des cuisines.

A dix heures du matin, les S.S. se dispersèrent à travers le camp, et se mirent à rabattre les dernières victimes vers la place d'appel.

Le mouvement de résistance décida alors d'entrer en action. Des hommes armés surgirent tout à coup de partout. Rafales. Eclatements de

grenades. Nous, les enfants, nous restions apla-
tis par terre dans le bloc.

La bataille ne dura pas longtemps. Vers
midi, tout été redevenu calme. Les S.S. avaient
fui et les résistants avaient pris la direction du
camp.

Vers six heures de l'après-midi, le premier
char américain se présenta aux portes de
Buchenwald.

Notre premier geste d'hommes libres fut de
nous jeter sur le ravitaillement. On ne pensait
qu'à cela. Ni à la vengeance, ni aux parents. Rien
qu'au pain.

Et même lorsqu'on n'eut plus faim, il n'y eut
personne pour penser à la vengeance. Le lendemain, quelques jeunes gens coururent à Weimar
ramasser des pommes de terre et des habits – et
coucher avec des filles. Mais de vengeance, pas
trace.

Trois jours après la libération de Buchenwald,
je tombai très malade : un empoisonnement. Je
fus transféré à l'hôpital et passai deux semaines
entre la vie et la mort.

Un jour je pus me lever, après avoir rassemblé toutes mes forces. Je voulais me voir dans le
miroir qui était suspendu au mur d'en face. Je
ne m'étais plus vu depuis le ghetto.

Du fond du miroir, un cadavre me contemplait.

Son regard dans mes yeux ne me quitte plus.

CET OUVRAGE A ÉTÉ ACHEVÉ D'IMPRIMER LE
VINGT-QUATRE JUILLET DEUX MILLE UN DANS LES
ATELIERS DE NORMANDIE ROTO IMPRESSION S.A.
À LONRAI (61250)
N° D'ÉDITEUR : 3610
N° D'IMPRIMEUR : 011694

Dépôt légal : juillet 2001